JN308757

歴史文化ライブラリー

255

江戸の捨て子たち

その肖像

沢山美果子

吉川弘文館

目　次

つけられた名前

捨てる女、捨てる男

1　捨て子へのまなざし

捨て子へのまなざし――プロローグ

笑ったり泣いたり、喜んだり悲しんだり悩んだり、そのようにして生きた人が確かにここにいた。そう思わせてくれる歴史の史料に出会うときはいつも、胸がときめく。歴史の史料にふれる喜びの一つはそこにある。なかでも、とりわけ忘れられない出来事がある。

一通の手紙から

今から七年前――。

二〇〇一年一二月、埼玉県立文書館で、捨て子についての文書を見ているときのことである。一通の手紙が目に留まった。捨てられた子どもの懐に入れられていた親の手紙（図1）である。それ以前にも子を捨てた親の手紙を見たことがなかったわけではない。しか

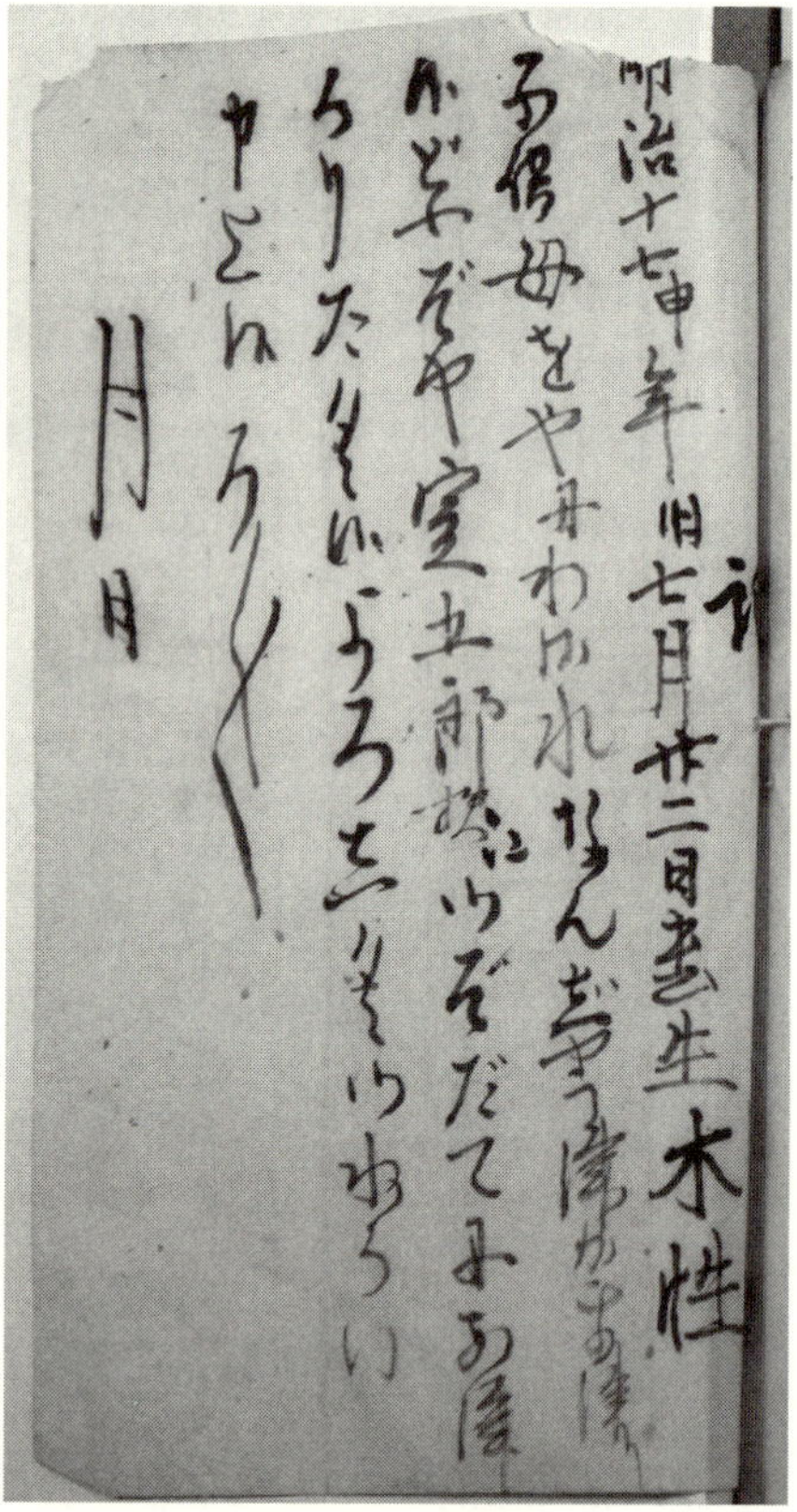

図１　とく三に付された手紙
（1886年，埼玉県立文書館寄託・大熊〈正〉家文書422）

し、写しではなく、親自身の直筆に出会ったのは初めてだった。それを眼にし、手にとったときの震えるような思いを今もありありと思い出す。粗末な紙にたどたどしい字体で書かれたその手紙は、役所が作成した資料のなかに、そこだけ違う顔をしてはさみこまれていた。手紙には、こう書かれていた。

記

とく三

明治十七申《さる》年旧七月廿二日出生　木性

子供母をやにわかれなんじやうつかまつり候、どふぞや定五郎様江御ぞだてにあつかりたく候、よろしく御ねかい申上候、かしく

月日

「とく三」という子どもの名と、子どもの生年月日、その陰陽《いんよう》五行《ごぎょう》である「木性」を記したひらがな混じりの手紙。そこには、子どもは母親に別れて難渋しているので、どうぞ定五郎様に育てていただきたくよろしくお願いしたいとある。

とく三（以下、徳三）は明治一九年（一八八六）七月一三日、南埼玉郡新堀《にいぼり》村（埼玉県菖《しょう》蒲《ぶ》町）の飯田三郎兵衛《いいださぶろべえ》の宅地の南脇にある道路の垣根のところに捨てられていた。徳三を発見したのは同じ村の荒井伝左衛門。午前八時のことである。このとき旧暦で明治一七年（一八八四）七月廿二日（新暦で九月一一日）生まれの徳三は一歳一〇ヵ月になったばかり。捨て子がみつかったとの知らせは、すぐに戸長、役場、そして桶川警察署管南交番所に知

らされた。駆けつけた巡査、岩淵了が徳三の風貌や着衣、所持品を調べている。

巡査の記録には、徳三は痩せて目が大きく、鼻は低く、口は「猪口《いぐち》」（欠唇・兎口・みつくちのこと）とある。徳三は「浅黄《あさぎ》大形小紋単衣《ひとえ》」に「白古木綿《もめん》腰巻」をし、「木綿腹掛ケ」と「同頭巾《ずきん》」をつけ、懐には親の手紙が忍ばせてあった。また唐様《からよう》風呂敷に包んだ「木綿浅黄小紋襦伴《じゅばん》（袢）」「同古白襦伴（袢）」「同白細帯」と、「焼団子三串」が添えてあった。

誰が捨てたのか方々探したが、全くわからない。そのため飯田三郎の隣家の大熊定右衛門が徳三を養育するという届を南埼玉郡長に出している。定右衛門は、この村には定五郎という名前の者はいないこと、しかし自分の名前とは少し違うが、おそらく自分への依頼と考えられ、大変哀れなので、直ちに引き取り養育すると申し出ている。

大熊家は安政《あんせい》二年（一八五五）に苗字帯刀を許され、明治五年（一八七二）には新堀村の副戸長となった家である。定右衛門の言葉は、捨てる側と拾う側の間に、特定の個人、しかも豊かな家や名家を頼って捨てることへの了解があったことをうかがわせる。さらに、八月四日には、同じ村の者が男子がないので養子にしたい旨願出を出し、徳三を養子にもらいうけている。

徳三をめぐる問い

私は、この手紙と徳三をめぐる記録についてあれこれ考えつづけずにはいられなかった。手紙を書いたのは「子供母をやにわかれ」とあるところからすると父親だろうか。母親と別れることでもたらされた子どもを捨てざるを得なくなった難渋とは、どのような困難なのだろう。捨てられた徳三はやせていた。着衣も古いものであった。とすると、貧しい暮らしをしていたのだろうか。

徳三は宅地のそばの道路の垣根の下に、唐様風呂敷に包まれた衣類や焼き団子三串を添えて捨てられていた。それらの品々に寄せた親の気持ちはどのようなものだったのだろう。また親の身元が知れる危険を伴うにもかかわらず、手紙に子どもの名前と出生年月日、そして「木性」という出生年月日の五行を記したのはなぜだろう。

お互いに生きてまた会えるための手がかりを残しておいたのだろうか。それとも、この子は氏素性の確かな、しかも易によればよい運命の子どもであることを知らせたかったのだろうか。徳三は、村の者にもらわれてから、どのように生きたのか。捨て子であったことは、徳三のその後にどのような影響を及ぼしたのだろう。

こうした疑問が頭から離れなくなった。もし徳三が捨てられなかったら、徳三は貧しい子どもの一人にすぎず、この世に生きた証拠などろくに残していない人々の一人であったに違いない。しかし捨てられ拾われたがために公的な記録が残され、私たちは、徳三という子どもとその親の存在に近づく手がかりを得ることができる。では、捨て子をめぐる記録から私たちは、どのようなことを知ることができるのだろう。

捨て子の肖像

子を捨てるのは見られてはならない行為である。そうした事の性格上、捨てた親と捨てられた子の素性が明らかになることはまれである。しかし、捨て子が捨てられた状況や場所、捨て子に残されたモノを手がかりにすることで、その実像に迫ることができないだろうか。断片的だが、さまざまな謎を含んだ魅力的な史料を読み解き、実像とまではいかないにしても、その輪郭を映し出すことはできないだろうか。そのような思いから本書のタイトルを『江戸の捨て子たち―その肖像―』とした。

サブタイトルに「肖像」とつけた理由はもう一つある。肖像画は、敏感に時代と意識の変容、さらに時代そのものをも写し出す。あるいは、現代の私たちには分からない謎を問いかけてくることもある。そのことは、美術館で肖像画を見るとき、私たちに強く印象付けられる事柄でもある。過去の時代の肖像画の前に立つとき、その人の生涯や運命、背後にある人々の生活態度や男と女の置かれた位置、社会状況をもっと知りたいという思いにとらわれた経験を持つ人は少なくないだろう。

捨て子もまた肖像画と同じように、その時代の子どもの置かれた位置を象徴的に写し出すのではないか。捨て子の姿に、それぞれの時代や社会固有の子どものあり方が映し出されるのだとしたら、捨て子を通して、その時代の人々の子どもへの感情や、子どもの命への感覚、子どもをめぐる人々の紐帯《ちゅうたい》や、共同体、家族のなかでの子どもの位置を描けないだろうか。「肖像」としたもう一つの理由はそこにある。

タイトルに込めた本書のねらい。それは、捨て子の実像にできるだけ接近した肖像を描きたいということ、そして捨て子に光をあてることによって、その時代の子どもと親、さらにその背後にある男と女の関係や家族と共同体、社会との関係、子どもを産む女の身体の置かれた位置を描き出すことにある。

＊　　＊　　＊

本書はおもに、歴史学では「近世」、一般には江戸と呼ばれる時代の、特に後期を対象とする。その際、捨て子の実像に迫るために、一人ひとりの捨て子に焦点をあてることにした。取り上げるのは岡山藩、津山藩の二つの藩。地域に即し、都市と農村、捨てられた子と捨てた親、拾った親、捨て子の父と母である男と女、家族と地域共同体、藩といったさまざまな関係のなかで、近世そして近代初頭の捨て子たちについて考える。

江戸から近代初頭の捨て子の肖像を描き、その眼で再び現代の子どもを見直すとき、現代の子どもたちは、私たちの眼にどのようにみえてくるのだろうか。

なぜ捨て子か

捨て子の具体像

時代小説のなかの捨て子

捨てられたり、かどわかされたり、迷子になった子どもが誰かに育てられた。時代小説にはそんな話が多い。

宮部みゆきの「お墓の下まで」（『堪忍箱』）に登場する、おのぶ、藤太郎、おゆきは、町役人、市兵衛の養子である。長女のおのぶは、ひとりぼっちの迷子、藤太郎とおゆきは、兄妹そろって捨てられていた。いずれも市兵衛が月番《つきばん》のときに迷子や捨て子として自身番《じしんばん》に連れてこられたのを、「迷子は親が来るまで、捨て子はその子を欲しいという養い親が見つかるまで、町役人が面倒を見る」というならわしどおりに引き取り、そのまま貰い子にしたのである。小説のなかでは、子どもたちが拾われた経緯は、そうなっている。
またほかの差配人たちが、市兵衛の月番のときだけ、手のかかる迷子や捨て子が出るのはどうしたことかと、口々に不思議がったことへの市兵衛夫婦の答えを、作者はこう描いている。

そういうとき、市兵衛夫婦は、子のない私ら夫婦のところへ、仏様が寄こして下さるんでしょうと答えていた。どこの馬の骨かわからない子どもばかり、よくまあそんなに親身になって育てられるものだと、驚いたり呆《あき》れたりする向きには、この子たちは仏様のお遣いだからと笑っていた。

捨て子の扱いを担当したのは町役人である。各町内に設けられた自身番に詰めて月交替で町内の世話をする任務にあたった。「お墓の下まで」には、江戸時代には捨て子を養育する制度があり、そのことが生き延びるための捨て子を生み出していること、また仏様のお遣いだからと素性のわからない迷子や捨て子を貰い受ける町役人の姿が描き出されている。
藤沢周平の「まぼろしの橋」（『橋ものがたり』）、「逃走」（『龍を見た男』）では、捨てられた時の子どもたちの記憶が印象深く描かれる。「まぼろしの橋」のおこうは、五歳。おこうを道で拾いあげた美濃屋の主人、和平に、おこうが自分の名前と年だけは言ったために年齢が明らかになったという設定である。おこうが捨てられたのは、夕やみがせまり、あたりは薄暗く、人の気配もない橋のそば、捨てたのは父親である。

その背が薄闇《うすやみ》の中にとけこむのを見送りながら、五つのおこうは男にいま自分が捨てられたことを感じていた。男は一度も振り向かなかった。

藤沢の小説では捨てられた子どもの心の動きが鮮やかにとらえられている。

「逃走」の銀助は、赤ん坊の泣き声を聞くと、いても立ってもいられなくなる。その声はたったひとつの子どもの頃の記憶を運んで来るからだ。捨てたのは母親だったのだろう。銀助の記憶に残るのは、捨てられたのは大きな池か川のそばだったこと、空が夕焼けて、その赤い色は水にも映っていたこと、髪をふり乱した母親の腕のなかで赤ん坊の妹が泣いていたこと、そしてその女と赤ん坊の姿が小さくなり、やがて物影に消えていったことだ。物心ついたときには銀助は他人の飯を食っていて、周りには肉親と思われる人間は一人もいなかった。銀助という名前も、本当の名前かどうかはわからない。作者は、捨て子の銀助が捨てられた経緯、捨てられたときの記憶をそのように描き出す。

おこうと銀助が捨てられたのは橋や川のそば。おこうは、自分の名前と歳が言える五歳。

銀助は、名前も覚えていないというのだから、もっと幼い年齢で捨てられたのだろう。おこうを捨てたのは父親、銀助を捨てたのは母親である。また二人の捨て子のその後の運命は大きく異なる。おこうは、美濃屋に拾われそのまま美濃屋の娘として育てられた。そういう事情を美濃屋は隠し立てしなかったので親しい者はみんな知っている。他方、他人の飯を食って育った銀助は、盗人になっている。

作家の想像力によって紡ぎだされた世界のなかで、捨てられた記憶や捨て子の運命、捨てられたことが、子どもにどのような刻印を記すのかといったことまでもが、ひもじさや、赤子の泣き声、空の色といった記憶とともに、余韻を持って描き出される。

では捨て子をめぐる史料からは、どのような捨て子の肖像を描きだすことができるのだろう。捨て子たちは、何歳で、どこに、どのように、なぜ捨てられたのか。捨てたのは父親なのか母親なのか。そして捨て子を貰い受けたのはどのような人々だったのか。貰われた後の捨て子たちの人生はどのようなものだったのか。そこには、おこうと銀助のような対照的な運命が待っていたのだろうか。

本書は、こうしたさまざまな角度から捨て子の肖像を描いてみたいと思う。

捨て子からみえるもの

最初に多少堅苦しくなるが、捨て子をめぐる研究史にふれておこう。捨て子が、歴史学や子ども史、そして女性史の新しいテーマとして登場してきたのはごく最近のことである。それまでの歴史研究のなかでは、捨て子そのものが研究の対象となることはなく、歴史の影の部分に置かれてきた。

江戸から明治にかけての捨て子の問題を扱った先駆的研究、宮本常一らの監修になる『日本残酷物語Ⅰ　貧しき人々のむれ』が刊行されたのは一九五九年のことである。そこでは、「日陰の子どもたち」と題して捨て子の問題を取り上げている。

捨て子は、間引きや堕胎と同じように、親に子どもを養育する能力がない場合の、せっぱつまった手段であり、まさにこの子捨てざればわが身飢ゆといった状態からきたものであるが、けっして間引き、堕胎のような嬰児殺しではない。ここでは間引きや堕胎と捨て子は区別されている。しかし捨て子は「日陰」の、言い換えれば歴史の影の部分として捉えられ、その後、日本の捨て子史研究が再び登場するのは一九八〇年代以降のこととなる。

捨て子史研究は、西洋史の分野ですでに豊富な研究蓄積がある。その代表的なものに、ローマ世界のなかで、多くは奴隷として「生き残った棄児の命運をたどることによって」

「実際に遺棄された嬰児が生き残る可能性は高かったのかどうか」を明らかにしようとした研究（本村凌二『薄闇のローマ世界―嬰児遺棄と奴隷制―』）、一八世紀フランスの病院の収容簿のなかに捨て子の姿を探った研究（藤田苑子『フランソワとマルグリット―一八世紀フランスの未婚の母と子どもたち―』）、一五世紀イタリアの捨児養育院の記録をもとに養育院の機能と受け入れられた子どもの具体像を再構成し、なぜ中世から近世への転換期に捨児施設が普及し始めるのかを、子ども観とも関わらせて明らかにしようとした研究（高橋友子『捨児たちのルネッサンス―一五世紀イタリアの捨児養育院と都市・農村―』）がある。

これらの研究は、西洋と日本の比較の視点を与えてくれる。なぜ近代以前の西洋では嬰児遺棄がおもで、日本では堕胎・間引きなどの嬰児殺害だったのか、そこにはどのような子ども観、生命観、家族観の違いがあるのか。古代ローマの嬰児遺棄を扱った本村凌二は、その「対照はあまりにも際立っているために、われわれには無視できない論点であるように思われる」と述べている。

中世後期に日本を訪れたイエズス会宣教師、ルイス・フロイスが注目したのも「ヨーロッパでは嬰児が生まれてから殺されるということは滅多に、というよりはほとんど全くない。日本の女性は、育てていくことが出来ないと思うと、みんな喉の上に足をのせて殺してしまう」(『ヨーロッパ文化と日本文化』)という、西洋と日本の違いであった。

しかし、日本に捨て子がなかったわけではない。中世にも捨て子はあった。そのことが、史料の発掘も含め、子ども史(大喜直彦「中世の捨て子」)、都市史(西山良平『都市平安京』)、そして女性の置かれた立場や疎外された「性」の視点(細川涼一「中世の捨て子と女性」)から明らかにされつつある。これらの研究はまた、捨て子を通して中世の生と死をめぐる問題を浮かび上がらせる。中世における捨て子は多く死を意味していた。

近世については、生類憐《しょうるいあわれ》み政策の重要な局面としての捨て子取り締まり(塚本学『生類をめぐる政治』)や、捨て子禁令を受け止めた近世京都の町のあり方(菅原憲二「近世京都の町と捨子」)に焦点をあてた研究、捨て子をめぐる事件のなかに近世女性の置かれた社会的位置を読みとり(妻鹿淳子『犯科帳のなかの女たち—岡山藩の記録から—』)、捨て子取り締まりのなかで生み出された、捨て子をめぐる記録のなかから母親たちの思いと捨て子の実相を浮かび上がらせようとする(立波澄子「近世捨子史考—加賀藩の事例を中心に—」)女性史研究、捨てる側の問題に焦点を当て捨て子の具体像に迫ることを意図した研究(菊地勇夫「近世飢饉下の捨て子・子殺し—東北地方を事例に—」、三木えり子「近世後期小野藩における捨子と地域社会」)などがある。

近世を対象としたこれらの研究蓄積によって、幕府や藩の側の捨て子への対応や、捨て子の社会的意味、捨て子の背景としての女性たちの性をめぐる状況が、かなり明らかになってきた。しかし、捨て子の実態や捨て子が生み出される社会的背景、あるいは捨て子の運命や子どもの生命に対する人々の観念はどのようなものであったのか、固有名詞を持った捨て子の具体像は、まだその像を結ぶまでには至っていない。捨て子の具体像はどのようなものだったのだろうか。

生類憐み政策と捨て子取り締まり

徳川綱吉《とくがわつなよし》が貞享《じょうきょう》四年（一六八七）正月に発布した生類憐み令は、一般には犬愛護令として知られる。しかしもともと生類憐み令という単独の幕法が存在するわけではない。また生類憐み政策の本格的開始を告げる貞享四年の幕令で対象とされたのは犬や牛馬などの動物だけではなく、病人や捨て子も含まれていた。

塚本学の『生類をめぐる政治』によれば、「生類あはれみ」の対象とされた生類とは、生産年齢にある男性を中心とする「ひと」から見ての「生類」であった。そのため、「ひと」のなかでも、特に、病人、乳幼児、入牢者などが、生類憐み政策の対象としての位置をしめることとなったのである。

貞享四年（一六八七）正月の幕法は、捨て子の届出を命ずるものとして各地で伝達されたらしい。菅原憲二は、この幕府の法令が実際に京都の町中に触れられた貞享四年二月四日を境に、町奉行所には捨て子の届出があいついだことを指摘する（「近世京都の町と捨子」）。

そのためだろう。同年四月には届出よりも養育が肝心だと命じる幕法が出されている。この四月令の第一条は、「捨て子があった場合は、その捨て子があった場の者が介抱・養育する。望む者があれば養子にし、届け出るには及ばない」というものであった。

『御仕置裁許帳《おしおきさいきよちよう》』には捨て子による処罰事例が天和《てんな》三年（一六八三）九月以後一七件あるが、貞享四年正月令以降の処罰の強化を認めることができる（塚本『生類をめぐる政治』）。そのうち他人から養育を委ねられた子を捨てた養育料稼ぎの捨て子が九件、捨て子をみつけながらその保護を疎かにした番人の処分例が三件、実子を捨てた事例が三件。

処罰令では、実子を捨てた事例よりも、養育料を貰って養子にした子どもを捨てた事例が多い。また養子を捨てて処罰された事例では貞享四年以降、獄門《ごくもん》、または磔《はりつけ》の極刑となるなど処罰の強化がなされている。処罰事例のなかで実子を捨てた事例が少ないのは、実子捨ては発覚しにくかったためだろう。

貞享四年に出された捨て子禁令は、元禄《げんろく》期に入ってさらに強化される。元禄三年（一六九〇）一〇月には単独の捨て子禁令が出され、養育困難の際に奉公人はその主人、御料は代官・手代、私領は名主・五人組に届けよと、私領での届け先まで規定される。

さらに元禄八・九年（一六九五、一六九六）令では、大家・地主が店借《たながり》・地借《ちがり》の妊婦・乳児を帳面に記し、出産・流産・三歳までに死んだ場合や他所《たしょ》に遣わすときは届け出ることを命じている。その目的は実子を捨てることの防止にあった。店借り・地借りの下層民は、妊娠から産後、子どもが乳幼児期にいたるまで地主大屋に届出なければならないとされたが、それは、都市下層民に捨て子が多いことを反映したものでもあった。また死んだ場合や他に養子に出す場合の届出が三歳までとなっていることは、捨て子の多くが、乳幼児であったことを示すものだろう。

こうした生類憐み令の推移からは、捨てられた場で捨て子を育むことを命じる生類憐み令が、逆に捨て子を生みだしている様子を読み取ることができる。

生類憐み令は綱吉の死後廃止される。しかし幕府による捨て子禁令は綱吉の死後も繰り返し出され、捨て子禁止は江戸時代を通じて堅持され、諸藩も多くはこれにならっている。

江戸の捨て子たち

岡山藩江戸藩邸の捨て子たち

岡山藩では、幕府から出された元禄三年（一六九〇）、元禄一三年（一七〇〇）七月の捨て子禁令を受け、捨て子取り締まりの通達が出された。この法令では、捨て子があった場合は、捨て子があった時間、場所、捨て子の年齢、様子を記し、さらに「貰い人」があった場合は米三俵、村方で育てている場合は米一合五勺、望む者がいない時は、米三俵を添え「山之者《やまのもの》」（「山之乞食」と言われた非人身分の人々をさすと思われる）へ遣わすことが決められている。

さらに、享保《きようほう》一八年（一七三三）には「捨て子又は乞食の子供にても、村方育て置き、追って片付け仰せ付けらるる類は、御米三俵育《はぐくみ》入用《にゆうよう》一日五合宛、御表方にて御立て遣わさるなり」との規定が出されている（『藩法集』）。これ以後、岡山藩での捨て子をめぐる法令は認めることができない。おそらく、江戸時代末まで大きな変化はなかったものと思われる。岡山藩の捨て子養育は、藩による養育料支給によって維持されていくこととなる。

ここではまず、岡山藩の江戸藩邸に捨てられた捨て子たちに目を向けてみよう。旧岡山藩主であった池田家が所蔵していた藩政資料のコレクション「池田家文庫」には、第五代岡山城主、池田光政《みつまさ》が鳥取から岡山城に入場した寛永《かんえい》九年（一六三二）から明治維新後の廃藩置県（一八七一）までの岡山藩政に関する情報が集められている。そこには捨て子の扱いをめぐる史料も収められ、なかには捨て子の生年月日や名前までわかる事例もある。

安永《あんえい》四年（一七七五）四月一日四つ時（午後一〇時頃）前、岡山藩の本《ほん》屋敷、大名小路の内蔵頭《くらのかみ》の屋敷の表御門脇の南のほうに捨て子があった。江戸での藩の政庁であり、藩主の生活空間でもある本屋敷があったのは、現在の丸の内二丁目、東京駅の丸ビルのあたり。また大名小路をはさんで道の向かい側の向《むかい》屋敷には、藩主一族のための建物のほか、江戸詰め家臣のための長屋が立ち並んでいた（岡山大学附属図書館『岡山藩江戸藩邸物語』）。捨て子の知らせは辻番人《つじばんにん》によってもたらされ、早速家臣による見分がなされている。

江戸では武家地の路上、辻番の「廻り場」に子どもを託した者も多く、辻番の職務の一つに捨て子、迷子の介抱があった。辻番の職務とは、原則的には、屋敷の外の空間、公儀の「地所」である「廻り場」の不寝番《ふしんばん》にあったのである（岩淵令治「江戸武家方辻番の制度的検討」）。

廻り場に捨て子があった場合は、屋敷内に引き取って養育し、「男女の訳、当歳或いは二歳・三歳くらいと申す儀、何所廻り場の内に之捨て有り候」旨、そして疵《きず》がついているかどうかを書付で目付けへ連絡しなければならなかった。身体に疵がないかどうかが調べられたのは、赤子の死を望んでの捨て子か否かを調べるためだったのだろう。また、その後、貰い人が現れた場合は、貰い人の氏名・居所・職業を記した証文を提出し、目付けは「一両日中登城の節、御月番御支配方《おつきばんごしはいかた》へ書付をもって申し上げ候、部屋帳にも留めさせ候」という手続きをとった。

守り刀、金子が添えられた鎰

ところで、この本屋敷に捨てられた捨て子のそばには守脇差《まもりわきざし》がおかれていた。守脇差には焼き付けた銘があったが、何と書いてあるのかは見わけがたかった。中世には、皇子女の場合は誕生後すぐ枕元に、守り刀（護身刀）が置かれた。成長後も、おそらく死ぬまで常に身辺の近くに所持された守り刀には、子どもの健やかな成長を願う親（大人）の気持ちが託されていたのである

（斉藤研一『子どもの中世史』）。

捨て子には絹着物三枚と太織襦袢《ふとおりじゅばん》が着せてあり、紐には紙に包んだ金子《きんす》四切れが結びつけてあった。その上書きにはこの「息女子《そくじょし》」の名は鎰《いつ》、ただし金子一両を添えると記されていた。金子一両は金子四切れに当たる。金一両は米価を基準に換算すれば、現在の六〜一〇万円に相当し、文化・文政期には一両で米三俵、大人一人一年分の米が買えたという。それだけ一両は大金であった（『ビジュアル・ワイド江戸時代館』）。

絹の着物を三枚着せていることや金子、守り刀が添えられていること、また「息女子」とあるところからすると身分の高い人物の娘だったのだろうか。息女とは、特に身分の高い娘に対して使われる言葉であった。それなのになぜ金子を添えて養子に出すという選択ではなく、捨て子を選択したのだろう。捨て子は親にとっても子にとってもリスクのある選択であった。もし捨てたことがみつかれば親は罰せられ、捨てられた子には死が待っているかもしれないからである。捨てられた背景には、子どもの身元を明らかにできない事情でもあったのだろうか。

守袋のなかには、「この女子に金子一両を添える」という書付のほかに、「安永三年午《うま》九月十日昼九時出生」と上書きした産髪、臍《へそ》の緒《お》、そして「香紙」に包まれた餅と白雪《はくせつ》があった。白雪とは『和漢三才図会《わかんさんさいずえ》』にもある白雪糕《はくせつこう》のことだろう。白雪糕は、もち米粉に白砂糖を加えハスの実の粉末を混ぜて作った干菓子で、砕いて湯にとかし、母乳の代用としても用いられた。添えられた品々からは、捨て子への配慮がうかがえる。捨て子は身体に疵がないか調べたうえで屋敷内に引き取られ乳を与えられている。

昼九時（一二時）という出生時間まで記した書付によれば、捨てられたとき、鎰は生後七ヵ月になろうとしていた。おそらくは身分も高い娘が生後すぐにではなく生後七ヵ月になって捨てられたのには、どのような事情があったのだろう。

鎰の事例は、捨て子の背後にあるのが貧困だけではなかったこと、捨て子のなかには、身分の高い親の子どもが何らかの事情で捨てられることもあったことをうかがわせる。中《なか》井竹山《いちくざん》は『草茅危言《そうぼうきげん》』の「捨子の事」（寛政三年〔一七九一〕〈山住・中江編『子育ての書』〉）で、捨て子には貧民が子どものよりよい暮らしを願ってのものと、貧困ではなく「姦通の出生など」何らかの事情によるものとがあり、後者の場合は「品宜しき襁褓《しめ》など」からもわかると述べている。鎰が身につけていたのも、「品宜しき」絹の着物である。

また添えられた産髪やへその緒、守り刀からは捨て子の無事を願う親の気持ちが垣間みえる。親自身の名前を伝えることはできない。しかし、子の名前を記した紙は、親が名づけた子どもであるという捨て子の存在証明でもあったのだろう。金子一両は拾う側への養育料の意味を持っていたのだろうか。

その後、京橋魚町家主利兵衛店《りへえだな》の十兵衛から貰い受け養育したいという願が出されている。吟味の結果、十兵衛の妻には乳もあり、随分確かな者で、大切に養育できるというので、利兵衛店の請け人、佐兵衛《さへえ》を証人に立てて証文を取り、四月五日、鎰は十兵衛に遣わされている。捨て子が発見されてからわずか四日後のことであった。

捨て子の養育にあたっては乳のあることが重視され、養い親が確かな人物かどうかの吟味がなされたことがわかる。武家の息女かもしれない鎰は、借家人の十兵衛に貰われたのであった。

小布団の上のやす二郎

鎰が捨てられてから二四年たった寛政一一年（一七九九）六月一一日の朝六つ半頃（午前七時頃）、岡山藩の下《しも》屋敷、大崎屋敷の南御門の外、「雨落《あまおち》」（屋根からの雨だれが落ちるところ）から七間五尺（約一四・二五メートル）ほどの柵の外に男の子が捨ててあった。大崎屋敷は現在、品川区東五反田《ごたんだ》の池田山公園となっている。

赤子の泣き声に気づいたのは壱番部屋の小頭、忠助である。また下大崎村の勘九郎《かんくろう》も赤子を見つけ役人に届け出ている。その後、屋敷の役人と村役人の双方が立ち会って見分したところ、捨てられていたのは数えで二歳ばかりになる男の子だった。

小布団の上の男の子は、いくつかの布を継ぎ合わせた青梅嶋《おうめじま》（縞）の古袷《あわせ》と襦袢を着せられていた。調べたところ身体に疵はなく、子どもの脇には、「絹継々綿入《つぎつぎわたいれ》」、「紋帷子《もんかたびら》」、「木綿襦袢」、「木綿絞単物《しぼりひとえもの》」、「白地木綿絞単物」、「手ぬぐい」、「腹掛《はらがけ》」、「古木綿切《ぎれ》」、そして枕がそれぞれ一つずつ置いてあった。

何着か種類の異なる着替えや手ぬぐい、腹掛け、枕などが添えてあったところからすると、ある程度余裕のある家の子どもだったのだろう。「継々綿入」も、絹でできたものである。守袋のなかにはいくつかのお守りと、「一一月八日やす二郎」と記した紙に包まれた産髪、臍の緒が入れてあった。やす二郎もまた生後七ヵ月になったばかり、鎰と同じ月齢である。

やす二郎は、まず鷺《さぎ》屋敷の長左衛門《ちょうざえもん》に引き取られている。やす二郎に乳を与えたのは、大崎屋敷の菜園作りの部屋頭、次郎右衛門の妻である。次郎右衛門の妻は夕方にも長左衛門方に遣わされ、やす二郎に乳を飲ませているが、その後、やす二郎は、次郎右衛門の長屋に移されている。

やす二郎が捨てられていた場所をめぐっては、下大崎村、岡山藩屋敷、どちらが引き取り養育すべきか、絵図面の上で門から往来までの間数などが委しく調べられている。捨てられていた場所は、門の雨落下から柵まで七間五尺（約一四メートル）、柵門から往来までは二〇間半（約三七メートル）ほどのところであった。吟味の結果、捨て子はいったん、藩の側に引き取られている。

その後、捨て子の発見者である下大崎村の百姓、勘久郎が倅《せがれ》として養育したいと願い出、やす二郎は、かねて大崎屋敷への出入りもあり確かな人物であるという勘久郎に遣わされることとなる。

一六日には、勘久郎とその保証人の惣三郎《そうざぶろう》が呼び寄せられ、御徒歩目付《おかちめつけ》の立会いのもとに、さしあたっての衣類などを勘久郎のほうでこしらえるよう養育金三両を、またやす二郎が身につけていた古い衣類と、これらを受け取ったという受取証を確認させて、やす二郎を引き渡している。大崎屋敷のほうからは、以後はいかなることがあろうとも、捨て子のことについて厄介なことは言わないよう勘久郎に申し付けている。捨て子は藩にとっては厄介な存在であった。また勘久郎のほうも、お金がほしいから貰うわけではないが、断るのもかえってよくないというので養育金三両を頂戴している。やす二郎が勘久郎に引き取られたのは、捨てられてから五日後のことである。

また捨て子を最初に引き取り一一日晩から一二日晩まで預かった鷺屋敷の長左衛門には鳥目《ちょうもく》一貫文、一二日から一六日まで、その妻が乳を与えた御菜園作り部屋頭次郎右衛門には、鳥目三貫文が渡されている。およそ一日につき鳥目一貫文の計算になる。

境界の子どもたち

生類憐み令は、捨て子が捨てられていた場での養育を命じるものであった。やす二郎の場合、捨てられていたのが藩の領分なのか、それとも村の領分か、絵図をもとに詳細な検討がなされたのはそのためである。同様な事例がもう一つある。この事例は、やす二郎の事例より六三年ほどさかのぼる。池田家文庫に残された捨て子事例のなかでは最も早い時期の事例である。

元文元年（一七三六）八月二六日、暮五つ時（午後八時）のことである。村方の百姓たちが大崎屋敷平岡大手門の雨覆《あまおおい》下通で捨て子が泣いていると知らせてきた。早速、捨てられていた場所は、村方に属する場なのか、それとも屋敷に属する場なのか見分がなされた。この見分には村方役人や百姓たちも提燈《ちょうちん》を持って見にやってきている。

見分の結果、捨てられていたのは、屋敷に属する場ということになった。捨て子は、二歳くらいに見える女の子で、下に新しい藁《わら》を敷き、その上に置かれていた。もっとも藁は新しいが、女の子が着ていたのは古い木綿の袷であった。番人をつけて夜通しそのままにしておいたなら、冷えて夜中に死んでしまうかもしれない。そのため藩の側は捨て子をまず、村方の家守、長右衛門《ちょうえもん》方に遣わし養育するよう申し付けている。

捨て子については、幕府の目付に知らせるとやかましく見分などに来るので、幕府には内緒にすることとなった。また捨て子は相応の貰い手に、金子をつけ、たしかに養育するという証文をとり、内々につかわすよう、また捨て子の貰い手が決まるまでは、乳もしっかりと飲ませ、衣類にも心を配ることとされた。

結局捨て子は、品川台場《だいば》のいかけや仁平衛《じんべえ》に、金子二両二歩、ほかに着物代五〇〇文を添え、仁平衛の大屋の万屋半兵衛《よろづやはんべえ》の奥書、証文を取って遣わされている。証文のなかには池田家の迷惑にはならないことが記された。この捨て子をめぐる処理からも、捨て子は藩にとって幕府との関係においても厄介な、内々に片付けてしまいたい存在であったことがうかがえる。女の子を貰い受けたのは借家人の職人である。

生類憐み令以前の捨て子は、おそらく拾い上げられ養育されることも、また拾い上げられたとしても記録が残されることはなかった。しかし生類憐み政策、とくに捨て子禁令が強化される元禄三年以降は、捨て子を放置することは許されなくなったのである。池田家文庫のなかに捨て子の記録が現れるのも、元禄三年以降のことである。

捨て子たちが境界の子どもであったことは江戸の『浅草寺日記《せんそうじにっき》』の捨て子の記録からも明らかとなる。民俗学者の宮田登は、「神仏の取り子」の慣行の一例として『浅草寺日記』天明七年（一七八七）七月一八日の条の、捨て子の一件を取り上げている。宮田によれば、「浅草寺境内は、寺社奉行が管理しており、そこはいわば中世的アジールに近い場所性」があり、「そこには世俗的には救いようのない捨子や行き倒れが多くみられた」という（『宮田登　日本を語る12　子ども・老人と性』）。

確かに『浅草寺日記』には、多くの捨て子事例が記されている。特に、江戸が大洪水にみまわれた天明六年、もっとも深刻な飢饉状況にみまわれた天明七年には、その日暮らしの都市下層民の困窮、また生活苦からの自殺、捨て子が記録されている。

『浅草寺日記』の捨て子たち

天明六年（一七八六）八月一〇日の条には、浅草寺地中教善院《きょうぜんいん》の門前に三歳ぐらいに見える女子が、木綿小紋の単物を着せて捨てられていたと記録されている。門番の新助が朝六つ時（六時）に見つけ、早速取り上げて養育し、その後、浅草寺地中善竜院《ぜんりゅういん》の借地に住む平六《へいろく》が、貰い人となっている。平六が教善院に出した証文によれば、実子のない平六は、この女子を養女にするために貰いうけたのであった。平六には、養育料として金二両が与えられている。養育料をもらった平六は、次のように述べている。

　この上は、いつくしみあわれみ守り育て（随分愛憐《あいれん》を加え守育）、成人したならば、たとえどのようなことがあっても、遊女のような見苦しい奉公など（遊女ヶ間敷《ゆうじょがましき》奉公等）は決してさせません。

　もちろん、この女子について、今後、貴院へ少しもご苦労などはおかけしません。平六は、養女として可愛がって育て、将来遊女奉公をさせたりはしない、貰った女子について教善院に迷惑をかけるようなことはしないと申し立てている。このような証文が必要とされたということは、養育料を目当てに、また将来の労働力として捨て子を貰い受ける都市下層民の存在をうかがわせる。

　また、天明七年（一七八七）七月一八日の条には、浅草寺境内の観音堂の縁下の石盤の上に三歳くらいに見える男子が捨てられていたのを番人が見つけ、浅草寺境内名主庄左衛門《しょうざえもん》から浅草寺代官に届けたことが記録されている。「乳持ち付け置き御訴え申し上げ候」とあるように、寺の側は、すぐに捨て子に乳母をつけている。

　捨て子を貰い受けたいと願い出たのは、浅草寺地中医王院の借地に住む庄助である。願いは捨て子発見の一〇日後の七月二八日に出されている。乳がたくさんあったため、捨て子に乳を与えたのが、庄助の妻であった。「乳もよく飲み、この間によくなじみ、妻の手をいっこうに放そうとしません（妻之手を一向相放し不申候）。はなはだ不便《ふびん》（不憫）に思い、また実子も一人も無いので、なにとぞ、ご慈悲を持って、私の養子にくださるよう、お願いいたします」、そう庄助は願い出ている。

安全な場としての境内

宮田は、この事例について次のように解釈をしている。浅草寺境内に捨てられた三歳の男児は、観音菩薩の加護を受けたもらい子として、浅草寺の地付の檀徒《だんと》に一時的に預けられ、やがてもらい親の許に渡される。もらい親は捨て子にとって生父母ではないが、すでに観音の取子《とりこ》となっていて、浅草寺の庇護下で育てられる。これも民俗的には仮親の援助を受けて育てられる捨て子の習俗と軌を一にするものといえる。神仏の加護を受けた取子は、神仏からもらったあるいは授かった子なのであり、右の文書では「もらい人」と記されている。捨て子は「観音菩薩の加護を受けたもらい子」あるいは「神仏の加護を受けた取子」、そう宮田は述べている。しかし、捨て子が貰われた経緯をつぶさに見てみると、そう牧歌的には解釈できないことが明らかとなる。実はこの願いが出される四日前の二四日には、代官の庄太夫から捨て子を貰い受けたい願い人がいるので、金子を四両弐分添えて下さるようにとの内々の願いが出されている。捨て子を貰い受けたいという庄助の願いは、養育料が出る事が決まって四日後のことである。いかに捨て子がなじんでも、現実の養育には保障が必要であった。

庄助の妻は実子はいない。しかし乳は良く出るとある。乳母を生業とするもの、あるいは、我が子を亡くした女性だったのだろうか。

『浅草寺日記』には、子どもが生まれたが間もなく死んだため乳もたくさんあるので、捨て子を貰いうけ「実子同様に」養育したいという願いがしばしばみられる。天保二年（一八三一）五月一七日、浅草寺境内名主喜左衛門《きざえもん》、組頭勘六から寺社奉行所に出された捨て子貰請けの願いがそうである。願いの内容は、五月五日に寺の境内の奥山念仏堂に捨てられていた二、三歳くらいの女子を、本所中ノ郷竹町宗八店《そうはちだな》の借家に住む町医で、三和というものが貰請けたいというものであった。三和には、三歳になる男子がいた。しかし、正月に疱瘡《ほうそう》で病死し、二四歳になる妻のかねは乳もたくさんあるので、貰い受け「末々に至り実子の如く養育」したいと申し出ている。

また天保七年（一八三六）一〇月一九日に同じく寺社奉行所に出された捨て子養育願い

は、一六日暮六つ時（午後六時）に浅草寺観音堂の後榧《こうひ》八幡社脇水茶屋明店《あきだな》のうちに捨てられていた生後一歳未満（当歳）と思われる男子を本所緑二丁目孫右衛門《まごえもん》店の徳次郎《とくじろう》が貰い受けたいというものであった。徳次郎の妻よねは、一〇月上旬に男子を出産したが、まもなく死んだため、乳もたくさんあるという。徳次郎は、小児を貰いうけ「末々実子同様に養育」したいと申し出ている。この夫婦は大変真面目で正直で穏やかな者（至極実体《じってい》柔和者）だというので願いは受理されている。

浅草寺境内は、確かに捨て子にとって安全な場所であった。そのことは、浅草寺の囲いの外での「生《せい》子《し》捨《すて》」の記録との比較からも明らかになる。天保八年（一八三七）正月一五日の暮六つ時、番人が、浅草寺囲いの外の火除け地の土を取ったあとの穴の中に「生子」が捨てられ、犬が食っているのをみつけた。月不足の水子のよう（月不足水子之様子）で、半ば食いとられてしまったため、性別（男女の差別）は分からない。捨てられた場所は、浅草寺の囲いの外の穴のなか、捨てられていたのは月不足で堕胎された胎児らしい。

確かに浅草寺境内の捨て子は、生き延びることを願っての捨て子であったのだろう。拾われて養育している捨て子が病気になった場合は、浅草寺境内の名主から寺社奉行にあてて、いつから病気になったか、どんな症状か、早速医者に見せたことなどを届け出ている。

もっとも、養育先で病死する捨て子も少なくなかった。天明七年（一七八七）六月六日、庄助が貰い受けた捨て子と同じ観音堂の縁下の石盤の上に捨てられていた三歳くらいにみえる男子の捨て子は、貰われた後、わずか三ヵ月で病死している。貰い受けたのは妻が乳もたくさんあるという花川戸《はなかわど》町平助店の与市《よいち》である。しかし、乳もよく飲み元気もいつもと変わらないものの、八月中旬から体、顔まで胎毒の疱瘡《ほうそう》が出て、浅草寺自性院の借地に住む町医者、林宗碩《はやしそうせき》の治療を受けたものの、九月一日暁《あけ》七つ時（午前四時）ごろに驚風《きょうふう》（漢方医学で幼児のひきつけを起す病気をいう。脳膜炎の類）となり、六つ時に病死している。

貰い手としての都市下層民

捨て子禁令によって、捨てられた場での捨て子養育が義務づけられたことは、捨て子たちに生き延びる可能性が与えられたことを意味していた。京都の町の捨て子事例を検討した菅原は「捨て子が生き延びる可能性を見出したところは、綱吉以降も維持された捨て子禁令にも拘らず、捨て子が新たに生み出される社会的基盤の一つとなった」と述べる。

江戸藩邸の捨て子たちに添えられた品々、守袋、お金、守り刀（護身剣）、名前や生まれた日を記した書付、あるいは小さな布団や新しい藁の上に捨て子を置くという捨て子への配慮、また浅草寺境内に捨てるという親たちの選択は、捨てた子どもに生き延びてほしいという親の願いを映し出す。その背後には捨て子の命は失われやすい命でもあるという現実があった。無事に貰われたとしても命を落とす子どもも少なくないことは『浅草寺日記』の捨て子記録からもみてとれる。

菅原は、「捨て子が罪とされた時代は、『家』にかかわる道徳目を重視する将軍綱吉の治世であり、農村においては小農民の『家』が既に成立しており、都市においても有力商人を中心に『家』イデオロギーの形成された時期でもあった」こと、そうしたなかで「小商人においても、下層民においても家継続の願いは、その不安定さに拘らず強固」であり「家内労働力としての子どもを確保することが、零細な家の再生産の基盤」だったと指摘している。

「倅」や「実子」がないので貰い受けたいという「捨子貰請願」は『浅草寺日記』にもしばしばみられる。願いには、いつも大切にあつかい末々まで実子の如く粗略《そりゃく》にはしないで養育することが記され、あるいは貰い受けた夫婦が「至極実体《じってい》柔和」であることが記された。しかし、願いのなかに「実子の如く」、あるいは「常々大切養育仕り末々迄実子の如く如才《にょざい》ケ《が》間敷《まし》義《ぎ》之《これ》無《な》きよう」（粗略にしない）とわざわざ明記させなければならなかったこと、また貰い受けた夫婦が誠実で穏やかであることを確認する必要があったということは、裏をかえせば捨て子のその後が必ずしも穏やかなものではなかったことを意味するのではないだろうか。

注目したいことは、「捨子貰請願」を出した者たちの多くが借家住まいであった点である。元禄八年、九年令では、店借り・地借りの下層民は、妊娠から産後、子どもが乳幼児にいたるまで地主大家に届出をすることが義務づけられたが、それは、これら都市下層民に捨て子が多いことを反映している。言い換えれば、捨てるのも、また、その捨て子を貰い受けるのも都市下層民であった。

菅原は、捨て子が発生する条件について次のような仮説を示している。「家」の継続の条件の一つは子孫に恵まれることだが、子どものない場合、下層民には養子を迎える手段も養育料もない。他方、貧窮な階層ほど子どもは貴重な家内労働力であり、子どもを多く必要とするが、子どもが多すぎた場合は養育困難になる。養子に出すにも持参銀も出せない。極端に言えば下層の両者を取り結んだのが捨て子養子であると。この菅原の仮説に学ぶなら、捨てる、貰うという両極に位置するように見える都市下層民の行為も、彼らの「家継続の願い」の二つの側面を示すものとみることができよう。

境界に位置する存在としての捨て子に焦点を当てることは、幕府や藩、そして捨て子を捨てる側、拾う側が、子どもという存在をどのように受けとめ、どのように育もうとしていたのかを浮かびあがらせる。と同時に、その背後にある人々の生活や「家」のあり方、そして「家」にとっての子どもの意味を明らかにする手がかりにもなるのではないだろうか。

親の手紙

捨てる親たち

「赤ちゃんポスト」の報道から

現代の捨て子問題として新聞紙面をにぎわしたのが二〇〇七年五月に運用が始まった熊本県の慈恵《じけい》病院での「赤ちゃんポスト」（正式名称・こうのとりのゆりかご）をめぐる問題である。では実際に日本で捨て子が増えたかというとそうではない。五年に一度行われる厚生労働省の調査によれば、捨て子に当たる「棄児《きじ》」は、一九八七年には一三一人、一九九八年には八一人、二〇〇三年には六七人とむしろ減少している（二〇〇七・四・六『朝日新聞』）。

にもかかわらず、赤ちゃんポストをめぐる記事は、家庭欄や社会面だけでなく、一面や政治面にも大きな紙面をさいて登場し、子捨てや育児放棄を助長するのか、それとも子どもの命を救うのか、賛否両論の議論が展開され世間の注目を集めた。もっとも、賛成する側も批判する側も、子捨ての問題を親、多くは母親の、また子どもの生命の軽視の問題として語る点では、認識を共有している。

赤ちゃんポストの対象とされたのは生後四週間以内の新生児である。しかし赤ちゃんポストの設置者である蓮田太二理事長は、「捨てられて命を落とす赤ちゃんや中絶せざるを得ない母親を救いたい」と述べ（二〇〇七・一一・九『朝日新聞』）、その後の議論のなかでは中絶される胎児や育児放棄、虐待により死亡する乳児も捨てられる子どものなかに含まれていく（二〇〇七・一・二九『毎日新聞』）。

捨て子の問題は、中絶される胎児や虐待死にいたる子どもの問題も含むことで、何よりも子どもの生命の危機をめぐる問題として語られ、また、子どもの生命に対する責任は多く母親に帰せられる。病院側が用意したのは母親への手紙である。他方、捨てられる子どもは、「子どもに罪はない」（二〇〇六・一一・九『朝日新聞』）と「犠牲者」として語られる。

そのことを象徴的に示す写真（図2）がある。赤ちゃんポストの完成を報じる新聞記事に添えられた写真には、「内部に設置されたベッドに赤ちゃんの人形を置く母親役の看護

命のゆりかご

親が育てられない赤ちゃんを匿名で受け入れようと、熊本市の慈恵病院が設置を進めていた国内初の「赤ちゃんポスト」（こうのとりのゆりかご）が一日、完成し、熊本市保健所の検査に合格した。病院は市や関係機関と最終的な打ち合わせの後、十日にも運用を始める。（4面に関連記事）

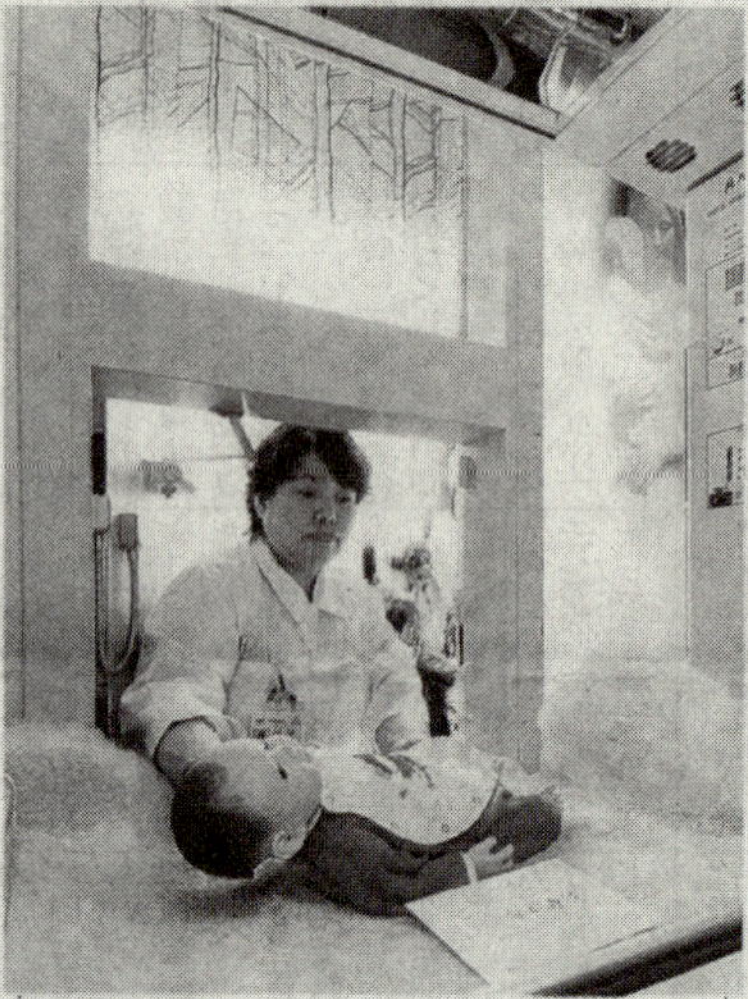

「赤ちゃんポスト」の窓口から、内部に設置されたベッドに赤ちゃんの人形を置く母親役の看護師＝1日、熊本市の慈恵病院

「赤ちゃんポスト」完成　熊本・慈恵病院　10日にも運用

病院一階の新生児相談室の外壁に穴を開けて扉を付けた。中にある温度を三十六度に保ったベッド型の医療機器に、赤ちゃんを直接置くことができる。扉の上の窓はステンドグラスで、内部から親は見えない。

扉を開けるとブザーが鳴り、二階に二十四時間態勢で詰めているスタッフが駆け付ける。一度閉めた扉は外からは開けられない防犯上の仕組みも備える。

四月五日の熊本市の許可を受け、病院は同十二日から工事を進めていた。検査合格を受け一日、施設を報道関係者に公開した。

赤ちゃんを置く機器の上には「お母さんへ」と書かれた封筒が置かれ、考え直した親が後で病院に連絡したり、養子縁組の手続きをしたりするための説明が書かれている。

図2　赤ちゃんポスト記事（『山陽新聞』2007年5月2日より）

師」（傍点引用者）とある。また本文中には「赤ちゃんを置く機器の上には『お母さんへ』と書かれた封筒が置かれ、考え直した親が後で病院に連絡したり、養子縁組の手続きをしたりするための説明が書かれている」とある。ここでは、赤ちゃんを捨てるのは母親、ということが暗黙の前提とされている。同じ新聞の四面に掲載された赤ちゃんポスト完成を報じる記事の見出しは「悩む母親の〝象徴〟であって」（二〇〇七・五・二『山陽新聞』）である。

しかし、赤ちゃんポストの運用が始まった五月一〇日に預けられたのは、新生児ではなく三歳くらいの男の子、しかも捨てたのは母親ではなく父親であった。新聞は「赤ちゃんポストに三歳児――初日から『目的外』」との見出しで「三歳ぐらいの男児が置かれたことで『小さな命を救う緊急措置』という想定から外れた形に」と報じている（二〇〇七・五・一六『朝日新聞』）。

このように、赤ちゃんポストをめぐる報道では、現実の捨て子は減っているにもかかわらず、中絶や虐待によって奪われる命の問題も含めて、おもに産む女性と産み捨てにされる無力な命に焦点をあてた議論がなされた。しかし、現実に捨てたのは父親、捨てられたのは三歳児であった。

その後、設置から約七ヵ月で一一人の乳幼児（男児九人、女児二人）がポストに預けられ、このうち男児一人は後に親が引き取っている。親たちが赤ちゃんを置き去りにした理由は分からない。一部の親が「育てられない」というメモを残しただけである（二〇〇七・一二・一九『読売新聞』）。注目すべきことは設置以来、慈恵病院には妊娠や子育て相談が相次いでいる点である。二〇〇七年一〇月末現在で三六二件と従来の年間相談件数（五〜二九件）に比べ急増しているという（『週刊金曜日』二〇〇七・一二・七）。

赤ちゃんポストの報道から浮かびあがる言説と事実のずれからは、三つのことが見えてくる。一つは、新聞報道そのものが、子どもの生命を守る責任は何よりも実の母にあるという現代社会に根強くある倫理観に彩られていること。二つには、子捨て助長か、子どもの命を救うのか、捨てることの是非を論じるだけでは問題の所在は明らかにならないこと。三つには、それゆえ個人のモラルや母性の喪失といった問題に還元するのではなく、その背後にある社会的背景が問われなければならないこと。この三つである。

子どもを捨てる親にはどのような事情があるのか。また、子どもの生命や子どもを捨てることについての社会の意識は、歴史のなかでどのように変化してきたのか。そして現代社会に根強く存在する、子どもの生命の第一義的責任は母親にあるとする倫理観がいかに形づくられていったのか。赤ちゃんポストをめぐる報道は、捨て子という存在やその命、そして捨てるという親の選択の意味を歴史のなかで見直すことを、私たちに求めるものでもある。

さて、江戸時代、捨て子はどのような存在としてみられていたのだろう。そして、捨てた親たちは、なぜ捨てたのか、そこにはどんな事情があり、捨てた子どもに対する親たちの意識はどのようなものであったのか考えてみたい。

間引き教諭書にみる捨て子

出雲《いずも》国安城徳応寺《あんじょうとくおうじ》の僧侶、橘義天《たちばなぎてん》が作り、文久元年（一八六一）に京都で刊行された間引き教諭書、『捨子《すてご》教戒《きょうかい》の謡《うた》』（図3）には、駕籠《かご》に入れた赤子が無事に拾われるのを藪《やぶ》の陰から見届ける親の様子が描かれている。捨てる親として描かれているのは母親ではなく父親である。拾っているのは「番」と標《しるし》のついた提燈《ちょうちん》を持っているところからすると夜回りも行う番屋（番所）の番人だろうか。背後には月が描かれており、「夜半に捨つれば何ものの　取り殺さんもはかられず　無事にて慈悲の有る人や　地頭に育てらるるとも」とある。

『捨子教戒の謡』は、次のような一節で始まる。

世に哀れなる挙動《ふるまい》は　片田舎なる風俗《ならい》とて　その身貧しき世渡りに　生まれくる子を悉《ことごと》く育てん事のならぬ故　不便《ふびん》ながらも捨てにきと　いえば一応理《ことわり》の　有るに似たれどさにあらで　無慈悲なりける限りなり

この教諭書では堕胎・間引き、捨て子はともに、子を「捨て」る行為として捉えられて

図3　捨て子の風景（『捨子教戒の謡』より）

いる。しかし同じく「捨て」る行為ではあっても、「人に育ててもらわんと」他人に養育を託す捨て子と、「薬をのむや鍼《はり》をなし　捨てける」堕胎、そして「洗児《まびき》て捨てし」間引きとは区別される。ここにあるのは、捨て子は他人に養育を託す行為であり、子を殺す堕胎・間引きとは、その質を異にするという認識である。

ただし捨て子は「無慈悲」な行為であることも説かれる。なぜなら、拾って育てられたとしても「生長するにしたがいて　親なきものと世の人の　おもうらんとぞ推しはかり肩身すぼめて生涯は　親の無慈悲を恨むらん」からである。捨てられた子のその後の人生にも思いをはせるべきであるという、この教諭の言葉は、生き延びる捨て子たちの存在を、また捨て子の人生そのものが、捨て子に対する社会の観念を映し出すことを物語っている点で興味深い。

『捨子教戒の謡』より六〇年ほど前、また幕府の捨て子禁令からおよそ一〇〇年後の寛政一一年（一七九九）、美作国《みまさか》久世《くせ》の代官となった早川正紀《まさとし》が書いた『久世条教《くせじょうきょう》』の一か条に「洗子を禁ず」がある。ここでも、「子を殺す」洗子と、「是非無く捨つ」る捨て子は区別され、捨て子は「今日を暮らしかぬるものの仕業」であるとされる。親たちが「是非無く捨つ」る様子は、次のように記される。

或はざる籠のうちに古綿つぎ布等を敷き、又は古布子《ぬのこ》などへつつみ、人の門《かど》に捨てながら人取り上ぐる迄は、犬にても害せんやと気遣わしさに、去りもやらでそのあたりに居る内に、「捨子よ」と騒ぎ立て、もしもとらえられる時は、子を捨つる不届きに付き御仕置に逢うもの間々《まま》これあるなり。

人に見つけられやすい「人の門」に、捨て子を「ざる籠」に入れ、「古布子」にくるんで捨てる。ここには、捨て子の生存を願う親の気持ちが示されている。また籠に入れ、布に包みという記述からは、捨て子の多くが乳児であったことがうかがえる。捨てた赤子が犬に食われぬかと心配する様子は、「犬も不思議に喰い残して」成長した捨て子を主人公とした井原西鶴の『諸艶大鑑《しょえんおおかがみ》』（好色二代男）（貞享元年〈一六八四〉）を思い起こさせる。西鶴のこの作品は、生類憐み政策本格化以前の捨て子の運命は野犬の餌食であり、捨て子そのものが少なくなかった時代に書かれたものである（塚本「生類憐み政策と西鶴本」）。

間引き教諭書の目的は、堕胎・間引き、捨て子が悪であることを人々に教え諭すことにある。教諭が効果を発揮するためには、人々の生活世界や生活意識と接点を持って書かれる必要があった。その意味で、これら間引き教諭書に描かれた捨て子の様子は、捨て子の現実や捨てる親たちの意識をある程度反映するものであった可能性がある。捨てる親たちの意識とは、どのようなものだったのだろうか。

富家に捨てる

捨て子たちには、親の手紙が添えられることも多かった。その手紙からはどんなことが明らかになるか、二通の手紙のなかに探ってみることにしよう。一通は岡山城下、もう一通は津山城下の捨て子に添えられていた手紙である。

享和《きょうわ》元年（一八〇一）四月二三日、岡山城下の丸亀町《まるがめちょう》、藤田半十郎《はんじゅうろう》の居宅の表に、女の子が捨てられていた（守屋茂『岡山県下に於ける慈善救済史の研究』）。藤田半十郎と丸亀町の名主、年寄から惣年寄、河本又七郎《こうもとまたしちろう》に出された届書によれば、捨て子発見の様子は次のようなものである。

四月二三日六つ前（午前六時）頃、藤田半十郎の門前で子どもの泣き声がするので出てみた。すると「二歳ばかり」の女の子が、木綿袷を着せ網袋に入れて表格子にひっかけてあり、一通の書付も添えられていた。捨て置きがたいので、藤田半十郎のもとで取り上げ養育している。

捨て子に添えられた書付には次のように記されていた。

此物（者）母長く病気仕候につき、段々今久《こんきゆう》（困窮）仕候ゆへいたし方御座無く候。それゆへ右之次第に御座候。御家からを頼ミにか様にすて置申候。何とぞ御れんミんを以て成られ候ハヽ、忝《かたじけなく》存じ奉り候。此娘せい人之後いか様の儀御座候共、親子なと、中物御座無く候。後日の為一札件《くだん》の如し。

享和元年酉《とり》四月十二日

申《さる》六月十五日生

おめしにかやし候へハすいふんたへ申候

おかやま

今屋《いまや》様

書付によれば、捨てられた女の子は、寛政一二年（一八〇〇）六月一五日生まれ、捨てられた時には、生後一〇ヵ月になっていた。書付には、赤子の母が長い間病気で患っているため、次第に困窮してしまい、やむなく捨てること、家柄を頼みに藤田家を選んだこと、また、娘が成人した後、どのようなことがあっても、親だなどとは言わないと記されている。

この記録は、岡山城下の捨て子記録のなかでも、捨て子にいたった事情がわかる、最も早い時期の記録である。捨て子の理由として挙げられるのは、母親の病気によってもたらされた貧困である。母親は産後の肥立《ひだ》ちでも悪かったのだろうか。

また、娘が成人した後に「親子などとは申しません（親子なと丶申者無御座候）」との文面からは、捨て子は養育の拒否のみならず、生涯にわたっての親であることの放棄として意識されていたことがわかる。書付は、捨てた親が、そのことを拾い主に示すための証文でもあった。

宛名は「おかやま　今屋様」。しかし藤田家の屋号は備中《びっちゅう》屋である。おそらく「今屋」の意味は、今をときめく家、富家《ふうか》という意味だろう。確かに藤田半十郎（六代半十郎）は、岡山藩の用達のなかから選ばれた惣年寄格（惣年寄がさしつかえの場合代行する）三〇人扶持の豪商であり、もっとも勢力のある商人の一人であった。女の子が捨てられた山陽道に面する丸亀町の店は、宝暦年間（一七五一～一七六四）には間口七間四尺（約一三・八メートル）、家屋敷まで含めれば丸亀町の通り筋両側あわせて一八〇間（三二四メートル）の一八％をしめていた（片山新助『近世岡山町人の研究』『岡山の町人』）。

気になるのは、享和元年酉四月一二日という日付である。というのも、捨てられたのはそれから一〇日ばかりたった二三日の午前六時ごろだからである。四月一二日に書付を書いてから捨てるまでの一〇日間、拾って育ててくれそうな家、捨てる場所を探していたのだろうか。手紙の日付けと捨てられた日のズレからは、子どもを手離すことへの親のためらいがうかがえるようである。

書付に添えられた「ご飯を煮返して与えれば随分食べるだろう」との文言からは、赤子を飢えさせなければならない困窮状況に置かれた親の、離乳期にある赤子への思いが浮かび上がる。

母親は病気というのだから、書付を書いて捨てたのはおそらく父親である。しかし「此物」（者）、「今久」（困窮）といった具合に誤字も多く、「家から」（家柄）、「せい人」（成人）など、かなも多く用いられている。捨て子の親は、そう高い階層ではない。

翌四月二四日、藤田半十郎は、惣年寄、河本又七郎に、この捨て子の女子は、まず自分の家の「下女」（譜代の下女）として育て上げ、もし貰いたいという人間があれば遣わしたいこと、また宗旨は本住院《ほんじゆういん》檀徒とすることを申し出、二五日には、藤田半十郎、河本又七郎ともども町会所に出頭し、この願いは受理されている。

藩の公式記録である「留帳」によれば、二六日には藩から半十郎に町手銀から絹一疋が与えられたとある。また「留帳」には同じ年の三月二三日の夜に、惣年寄格、武田善次郎の戸口に当歳の男の子が、八月二五日の「夜前五つ時半頃」（午後九時ごろ）には惣年寄格の天野弥三右衛門《やざえもん》居宅戸口に当歳の男の子が捨てられていたことが記録されている。いずれの場合も絹一疋が与えられ、武田善次郎の戸口に捨てられた男の子は「譜代の家来」にすると記されている。

三人の捨て子はいずれも惣年寄格の家に捨てられていた。では他の捨て子たちはどんな子どもたちであり、どこに捨てられていたのだろう。津山城下に移る前に岡山城下の捨て子たちについて見てみることにしよう。

岡山城下の場合

岡山城下の捨て子記録は、享和元年（一八〇一）から万延《まんえん》元年（一八六〇）までの六〇年間に七七件を数える。ただし、捨て子の記録が集中しているのは、天保期以降であり、天保期から万延元年までのほぼ二七年間に七五件の捨て子がみられる。

男女別で見ると、男子が二九件、女子が四八件と、女子が全体の六二％を占めている。藤田家の捨て子も女子だが、男子より女子が多く捨てられる傾向にあった。そこからは、「家」の存続のために女子よりも男子を好む、当時の子どもの性別をめぐる意識がうかがえる。

また、生後一歳未満の乳児が六〇人と、全体の七八％を占め、さらに、その二八％の一七人は生後一ヵ月までの新生児である。なかには出生直後、あるいは生後一日から二日の新生児も含まれていた。このことは、天保期、一九世紀半ば以降になると、親たちが家族数制限の手段として間引きよりも捨て子、殺すよりは捨てるという手段をとるようになったことを示しているのではないだろうか。そこには、子どもの命に対する感覚の変化がうかがえる。

次に捨て子が発見された町名だが、最も多くの捨て子が発見されたのは西大寺町《さいだいじちょう》（図4）の一一件。捨て子は人通りの多い繁華な場所に捨てられていた。また山陽道などの街道に沿った町々で捨て子は発見されている（図5）。

図4　西大寺町周辺
（岡山名所図会稿本『岡山県史　近世Ⅰ』岡山市立中央図書館所蔵）

さらに発見された場所についてより詳しく探ってみると、居宅戸口《とぐち》がもっとも多く、全体の八一%を占める（表1）。しかもその約二割にあたる一五件は、惣年寄、年寄、名主の家の戸口となっている。彼らは、町での捨て子養育の役割、つまり子どもを救うべき役割を担う人々であった。捨て子たちは藤田家の捨て子に添えられた書付が示すように、子どもが生き延びることが期待できる豊かな家の戸口に「御家から（家柄）を頼みに」捨てられたのである。

藤田家の表格子の捨て子が発見されたのは、暁《あけ》六つ時（午前六時）ごろのことであるが、捨て子発見の時刻は、朝よりは夜、しかも午後八時から一一時ごろの時間帯が全体の約七〇%を占める。この時間は、人目につかず、かといって人通りが絶えてしまわない時間でもある。捨て子発見のきっかけは、藤田家の捨て子がそうだったように、赤子の泣き声であること

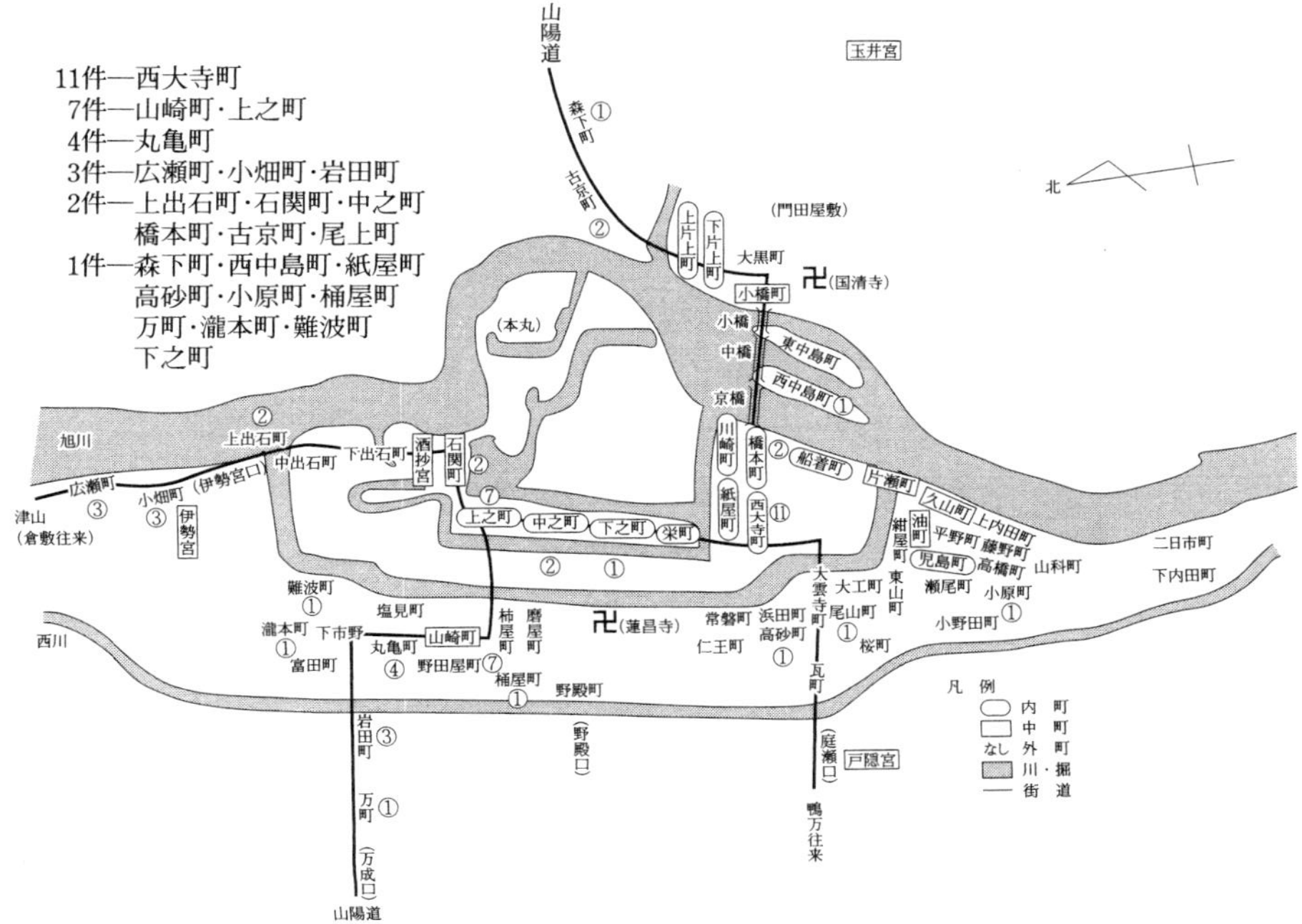

図５　捨て子が発見された場所

(岡山城下，○印は捨て子件数を示す〈田中誠二「岡山城下町の支配構造(上)」『岡南地域史研究』第四章所収図より作成，沢山『性と生殖の近世』より転載〉)

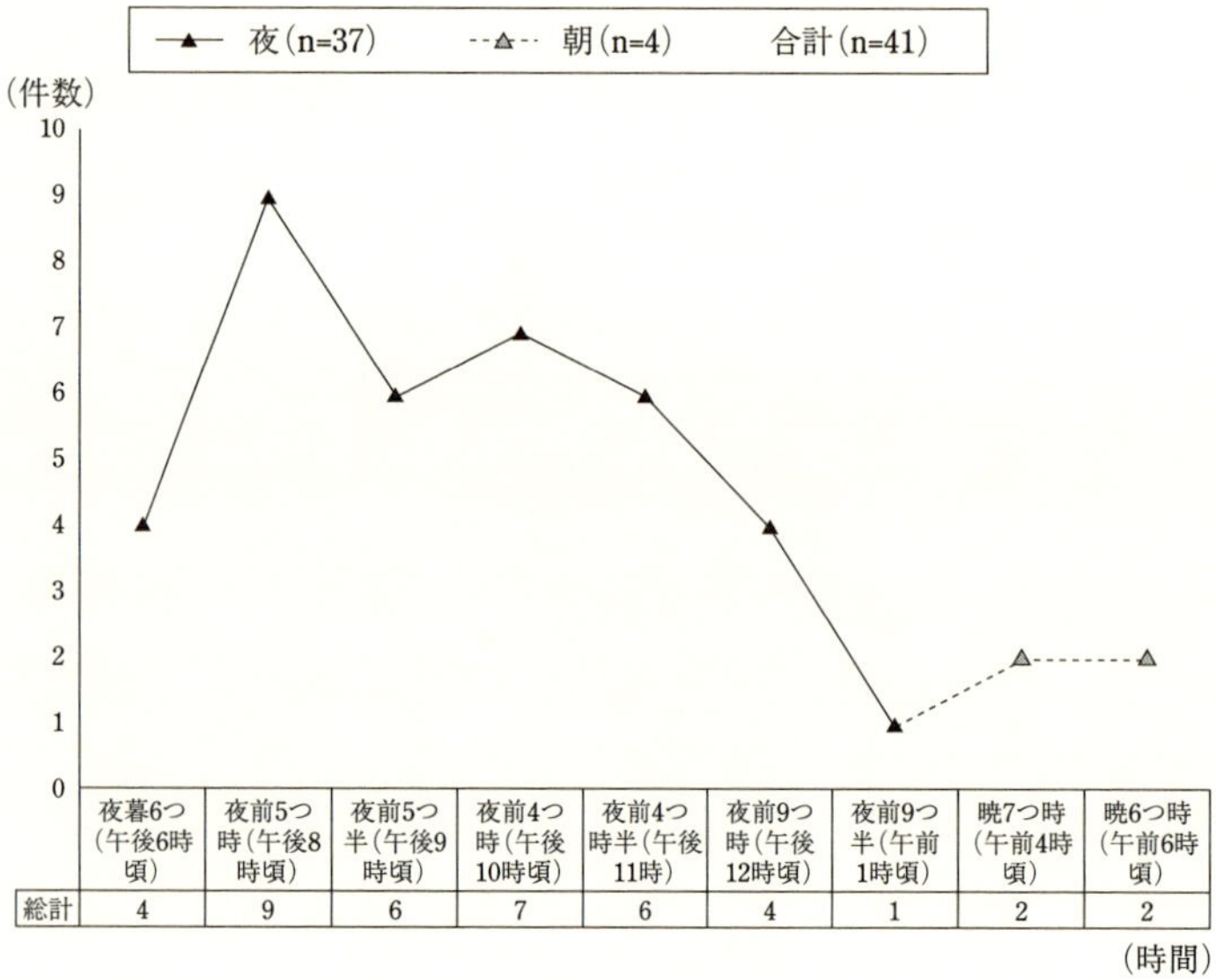

図6　捨て子発見の時間と件数の推移（岡山城下，津山城下）

表1　捨て子の発見場所(岡山城下)

捨て場所	件数
屋敷戸口	62(81%)
軒下，格子	5(6)
通り	3(4)
内庭	2(3)
溝端，川端	2(3)
土手	1(1)
裏口	1(1)
出店戸口	1(1)
合計	77

が多い。赤子の泣き声に人々が気づく、人々が寝静まってしまわない時間帯に、子どもたちは捨てられていた。この点は津山城下の場合も同様である（図6）。

ところで、捨て子たちはしばしば、生髪《うぶがみ》、臍《へそ》の緒を添えた書付を添えて捨てられている。そのためだろう。安政六年（一八五九）一〇月、夜五つ時頃（午後八時）、生後一〇ヵ月ぐらいと思われる女の子が山崎町伊田屋平右衛門《いたやへいえもん》の居宅戸口に捨てられていた事例では、「生髪、臍之緒」を添えた書付が「ない」ことが、わざわざ注記されている。

捨て子に添えられていたのは生髪、臍の緒だけではない。表2に示したのは、岡山城下・津山城下の捨て子たちに添えられていたモノの数々である。捨て子たちには、寝具、衣類、お金、羽子板など、さまざまなモノが添えられていた。

岡山城下の捨て子に特徴的なのは、扇子と鰹節が添えられていることである。しかも、生髪や臍の緒、扇子と鰹節が添えられているのは、すべて一歳未満の子どもたちである。また生髪や臍の緒を添えて捨てられた捨て子には、名前や生年月日を記した書付、あるいは岡山城下の酒折宮《さかおり》、戸隠宮《とがくし》、伊勢宮などの氏子であることが記されている場合が多い。

捨て子に何らかの所持品を持たせる事例は、中世後期の室町期以降に見え始める。中世の所持品の多くは、息災《そくさい》無事を祈る守り刀、そして捨て子の素性を明らかにする意図を持

表2 捨て子の所持品

所持品の分類	地域別件数(件)		総　計	分類別総計
	岡山城下	津山城下		
書　付	33	8	41	41
扇　子	15	0	15	
鰹　節	14	0	14	29
臍の緒	8	1	9	
初　髪	7	1	8	17
蒲　団	6	2	8	
枕	5	0	5	13
着　物	18	0	18	
腹掛け	2	0	2	
涎掛け	1	0	1	
襁　褓	1	0	1	22
守　袋	2	1	3	
風呂敷	1	0	1	
お　金	1	0	1	
羽子板	1	0	1	
脇　差	0	1	1	7
総　計	115	14	129	129

岡山城下（1801年～1860年[享和元年—万延元年]）：捨て子事例数—77件
津山城下（1835年～1841年[天保6年—天保12年]）：捨て子事例数—54件

つ由来書である。それらは、明らかに捨て子の生存を意識した、捨て子が拾われることを期待した行為であった。中世都市の経済力の向上が、捨てても拾われ養育される可能性を生んだのである（大喜直彦）。

岡山城下の捨て子に添えられた品々には、親たちのどんな思いが込められていたのだろうか。

命を託す

モノに託した思い

江戸の習俗を伝える貴重な史料に『諸国風俗問状答《しょこくふうぞくといじょうこたえ》』がある。残念ながら、ここには岡山、備前《びぜん》国の習俗を伝える史料は含まれていない。しかし隣の国、備後《びんご》国の文政《ぶんせい》年間（一八一八〜一八二九）の習俗が記載されている。そこには、七夜《しちや》に産髪《うぶかみ》をそり、名をつけ、臍の緒とともに、「生日を書し、名をしるし」た守袋に入れるとある。

名前や生年月日、そして氏子であることを記す行為は、赤子の生命確認の印であると同時に、捨て子の素性が確かなことを示すためのものでもあった。

では、扇子と鰹節の意味するものは。扇子と鰹節が添えられた捨て子には、いずれも生年月日や名前を記した書付が添えられている。とするなら、扇子と鰹節も、生髪や臍の緒同様、子どもの生命とその安全を祈り、素性が確かであることを示すモノなのか。

その手がかりは『岡山市史』（社会編）のなかにあった。扇子と鰹節は、岡山城下の結《ゆい》納《のう》の品々だったのである。

岡山城下では、結納の際、金子のほかに扇子一本と鰹節を持参したり、あるいは、来訪を受けた側が盆に鰹節の雌雄の節をのせて出す。だとすると、扇子と鰹節は、捨てる側から拾ってくれる家への結納、言い換えれば、拾ってくれた家と新しく縁を結ぶという意味を持っていたのではないだろうか。しかもそのことは、当時の人々にとっては、捨てる側、拾う側相互に了解されていた事柄だったと思われる。

さらに、捨て子が身につけていた衣類からはどんなことがわかるだろう。捨て子の着衣をめぐる記録を見ていると、「継之袷」「継々《つぎつぎ》之袷」「木綿継々袷」といった記述が目に付く。はじめ私は、捨て子たちは、破れや穴を古布で継いだ着物を着せて捨てられており、その着衣は親たちの貧しさを示していると理解していた。

『不思議の村の子どもたち』で、江戸時代の捨て子について取り上げた樋口政則も同じような解釈を示している。弘化三年（一八四六）、武州荏原郡馬込《まごめ》村（東京大田区）の八幡社垣根の往来に三歳と思われる男の子が捨てられていた。この子は、二、三日前に月代《さかやき》を剃ったらしい様子とあるから乳児ではなかったようだ。腹にお灸の後がある以外は普通の子どもとある。男の子は継ぎ接ぎの古びた縮緬《ちりめん》の襦袢の上に、木綿と縮緬の混ざった袷を着て、その上に新しい単物《ひとえもの》を着せ、縮緬の中古の帯をしめていた。樋口は「縮緬で、継々といいますから、継《つ》ぎ接《は》ぎだらけの襦袢だったのでしょう。あえて『継々』と書いたのは事実を正確に表現したということかと思いますが、当時は衣服の継ぎがあたりまえであったとすれば、見慣れた継ぎの衣服に比べてそれが極めて目立ったのかもしれません」と述べている。

しかし、「継々」を単なる貧困の象徴とみてよいかというと、どうもそうではないらしい。この三歳の男の子の場合も、「古き縮緬澪併（襦袢か）木綿縮緬交合継々中古袷裏麻之葉小紋にて」とある。継々の襦袢は古いとはいえ縮緬、また継々の袷も中古ではあるが裏は麻の葉模様の小紋である。麻の葉模様は初着《はつぎ》や赤子の衣類によく使われるが、そこには赤子が生長の早い麻のように丈夫にまっすぐ育つようにとの願いが込められている。

ところで岡山県内には、弱い子にはツギツギの（たくさんの布をついだ）一つ身を縫って着せるとよい、多くの家から布の端切れをもらい集め、継ぎあわせて衽《おくみ》なしの一つ身の着物を縫って着せるという習俗がある。その背景にあったのは、多くの人の力を借りて子どもを大きく丈夫に育てるという考えである（『井原市史 Ⅵ 民俗編』）。

布を継ぎ合わせた子どもの着物は、岡山では千枚衣《せんまいご》と呼ばれるが、こうした子どもの着物は各地にみられる（『ハギレの日本文化誌』『子育ての原風景　カミの子からムラの子へ』）。これらは「百徳《ひゃくとこ》着物」（金沢地域）（図7）、「百軒《ひゃつけん》着物《ぎもん》」（秩父地域）と呼ばれる継ぎ合わせの幼子の着物である。千とか百は実際の数ではなく多いことを意味する。長寿の人や丈夫に育った子どものいる家などから小裂《こぎれ》をなるべくたくさんもらい歩き着物を作って着せると、その子どもは丈夫に育つという言い伝えにもとづく。これらの着物は小裂を丹念に継ぎ合わせて仕立てたもので、多くの小裂の端々で表も裏も継ぎ合わされている。もっとも千枚衣は小さいので継いで作るのは難しく普通に作った一つ身に何枚も継ぎぎれを縫いつけたという（福尾美

図7　「百徳着物」（江戸後期，金沢・真成寺蔵，福島県立美術館編『ハギレの日本文化誌』より転載）

夜『岡山の衣服』)。捨て子が身に着けていたのは、継ぎの当たった着物というよりも、そうしたツギツギの着物だった可能性が高い。

なかには盛装して捨てられたのではないかと思われる捨て子もいる。藤田家の捨て子と同じ年、享和元年(一八〇一)九月に捨てられた生後九ヵ月の男子の場合である。この子は、紅の袖口の小紋木綿襦袢に、木綿手筋の小紋の単物、それに空色模様、丸の内に舞鶴の紋、袖裏が紅の木綿の布子(綿入れ)を着せ、万町《よろずちょう》の妹尾屋源右衛門《せのおやげんえもん》の門前の溝の傍らに捨てられていた。せめて盛装をさせて捨てる。そんな親の心情がうかがえる。と同時に捨て子の原因が貧困だけではなかったことも物語る。

捨てた親の輪郭

岡山城下の藤田家に女の捨て子があった享和元年から三六年後の天保八年(一八三七)四月四日夜前五つ半時分(午後九時ごろ)のことである。津山城下(岡山県津山市)三丁目《さんちょうめ》に住む、川口藤十郎《とうじゅうろう》の名代、庄助《しょうすけ》の家の表口に、女の赤子が古籠裏《ふるごうり》(行李)に入れて捨てられていた。その捨て子の記録が『町奉行日記』、『国元日記』に記されている。『町奉行日記』は、津山城下町の町方支配に携わった町奉行による記録、『国元日記』は、「藩主の身辺の動静から江戸より国元への連絡事項、領内の主な事件」(『岡山県史　第二五巻』)の記録である。これらの記録を手がかりに、捨てた親の輪郭にせまってみることにしよう。

捨て子に添えられた「川口御氏」、川口藤十郎宛の書付には、赤子は前年の一〇月一五日に生まれつると名付けたが、飢饉のため母子ともに困窮し、手元において養育することが難しくなったこと、捨て子は許されない行為だが、あなた様のお情けで育ててくださるようお願いしたい旨が記してあった。

親が子を捨てた原因は、飢饉によってもたらされた貧困にある。自然条件に頼る農業がおもな生業であった近世社会では、飢饉は避けられない災害であった。気象状況の悪化は、食料の欠乏や疾病の流行、貧困をもたらす。

享保、天明の飢饉と並び、江戸の三大飢饉と称される天保の飢饉は、前後六年間に及んだ。なかでも赤子が生まれた天保七年（一八三六）の飢饉は、津山では「古今《ここん》無類《むるい》」といわれるほど厳しく、津山城下でも、多数の餓死、疫病死、飢民、行き倒れ、流民が生まれたことは、当時の飢饉記録に詳しい。

捨て子のつるには、生年月日を記した書付のほかに、綿の守袋に入れた臍の緒と初髪が添えられていた。書付に記された生年月日と名前は赤子の身元を示す印であった。また臍の緒と初髪は赤子の生命力の強さへの願いを込めた品々でもあった。親は、赤子の未来を願う品々を添えておいたのである。

しかし「つる」という名前をつけ、育てる意志を持ちながら、飢饉のために困窮し、育てきれなくなって、やむなく赤子を手放したのだろう。つるはまもなく生後五ヵ月になろうとしていた。

この書付は藤田家の女の捨て子に添えられたものと、その書きぶりは大分違う。冒頭に置かれた語句や結語には、さして変わりがないものの、ひらがなはほとんど使われていないし、誤字もない。たとえば藤田家に捨てた親は「御れんミん」（あわれみ、情けをかけること）と書いているが、つるの親は「御憐愍」と漢字を用いており、より高い教養を身につけた人物であったと思われる。

書き手は自らを「某《それがし》」と称し、「子主」と署名している。「某」というのは「男性が用いる」自称である（『日本国語大辞典』小学館）。この手紙を書いたのは、赤子の父親だろうか。いずれにしても、書き手が赤子の親であることは間違いない。また「我々母子共迫困窮」という文面の「我々」という言葉からは、捨て子が親たちの合意のもとでの選択であったことが浮かび上がる。

書付には次のような歌が書き添えられていた。

子を捨て我身を立てる

世のことわさに、子を捨る藪はあれと身を捨るやふはなきと伝侍りて
なさけなき浮世のために子を捨て我身を立てる親の心そ

歌を現代語訳すれば「無情な世間を渡るために、子を捨ててでも、我が身を立てざるを得ない親の心をお察しください」となろうか。

この歌は、一二世紀はじめの『金葉《きんよう》和歌集』の次のような和歌を思い起こさせる（服藤早苗『平安朝の母と子』）。

大路に子を捨てて侍りけるおしくくみ（おくるみ）に、書きつけ侍りける歌
身にまさるものなかりけり嬰児《みどりご》はやらむ方なく悲しけれども
（『金葉和歌集』雑下　よみびとしらず）

大切な赤子を捨てるのは忍びなく悲しいけれど「自分の身にまさるものはない」。人々が多く行き交う大路に捨てられた子どもを包んだ衣類に書き残された歌からは、自分の身に勝るものはないと自らに言い聞かせ、誰か育ててくれるに違いないと、子どもを他人に託す、そんな親の心情がうかがえる。

捨て子は親にとって苦悩をともなうものであったと同時に、親と子の命を守るために他

人に子の命を託す手段でもあった。

江戸時代には「子を捨てる藪はあれと身を捨てるやふはなき」は諺《ことわざ》になっていた。この諺はもともとは「子を棄つる藪はあれど身を棄つる藪はなし」というものである。その意味は「困窮すれば最愛の子でも藪に捨てるけれども、自分の身を捨てることは出来ない」という、多くは貧しいために我が子を手放した親が、自分のふがいなさを責めて言う諺であり俗語であった（『故事・俗事ことわざ大辞典』小学館）。ここでの「子を棄つる」の意味は、必ずしも捨て子ではなく、子どもを奉公や養子に出す形で手放すことを意味していた。しかし、書付ではもともとの意味とは異なり、子を「捨る」捨て子の意味に変化している。

ことわざ狂言集『軽筆鳥羽車《けいひつとばぐるま》』（一七二〇年）の図8をみていただこう。図の右には「かわゆ（可愛）けれど　身にはかゑられぬ」とあり、左には「なむさん（南無三）すておつた」とある。捨てているのは夫婦であり、二人とも泣いている。しかし夫婦の間には微妙な違いも見られる。夫のほうは、後ろも見ずに一目散に立ち去ろうと大股で駆け出しているのに対し、女房のほうは、後ろ髪をひかれるかのように、後ろを振り向きながら藪の方を指差している。画面左の男は、籠に入れられ藪に捨てられた捨て子を見ながら、鉦《かね》を叩いて念仏を唱えている（時田昌端『絵で楽しむ江戸のことわざ』）。

図8　『軽筆鳥羽車』

貞享四年（一六八七）に端を発する「生類憐み政策」は、それまであまり悪とみなされていなかった捨て子を悪とし、捨て子を禁じるものであった（塚本〈一九九三〉）。津山藩でも、文政一三年（一八三〇）に、捨て子をめぐる最初の措置「捨子取計方《とりはからいかた》」が、出されている。「捨子取計方」には捨て子があった場合は「心を用《もちい》養育」し、貰い受けたい者があったならば、速やかに申し出るよう、また貰い受けたい者には、捨て子が七歳になるまで「産養米《うぶやしないまい》三俵」を藩から与えるとある。

『町奉行日記』『国元日記』に記された捨て子事例からは、以後、天保八年にいたるまでの七年間、ここに挙げられた措置が取られたことがわかる。そして天保八年の津山城下では、「子を捨る藪はあれと」という諺が、捨て子を意味する「世のことわさ」として流布していた。その背後には、天保飢饉下での捨て子の増加があったのだろう。

しかし、親の手紙では、この諺に続けて「なさけなき浮世のために子を捨て我身を立てる親の心そ」という親の手になる歌が添えられている。「子を捨る藪はあれと」という諺が世間に流布していたからといって、捨て子が無条件に許容されていたわけではない。また人々は捨て子が悪と認識していなかったわけでもなかった。書付に添えられた歌からは、捨て子は悪と知りつつ、子を捨てなければ生きていけない親の苦悩が見えてくる。

拾われることへの願い

捨てられた時間・場所・モノ

ところで、川口藤十郎は津山城下では誰もが知る裕福な有力町人であった。川口藤十郎名代《みようだい》の庄助の表口の石橋の上には、天保九年（一八三八）一〇月一四日の夜四つ（午後一〇時）ごろにも、古布団に包み、塩籠に入れられた生後五〇日から六〇日くらいの男の子が捨てられている。

庄助の家のある三丁目は津山城下町の中心部、有力町人たちの居宅がある宮川と藺田《いだ》川に挟まれた内町（伏見町、京町、二階町、二丁目、三丁目、坪井町）にあった。

内町には関貫《かんぬき》（木戸）が一七ヵ所あり、それぞれ一～二人の番人がいた。その役割は、関貫の大扉を暮六つ時（午後六時ごろ）に閉じ、閉じた後の通行は、馬・駕籠のほかは、脇の小門（くぐり戸）を通行させ、九つ時（午前零時ごろ）には、小門を閉じて、それ以降は通行止めにし、もし不審な者が通りかかれば留め置き、大年寄《おおどしより》に通知することにあった。つるが発見された時刻は夜前五つ半時分（午後九時ごろ）というから、すでに大扉は閉じられ、しかしまだ小門は閉じられていない時間帯ということになる。内町での関貫による管理をくぐり抜け川口藤十郎の名代の家の表戸口に捨てることは、城下町の事情に詳しい者でなければ不可能だっただろう。

捨て子が置かれた午後九時ごろというのは、人目につきにくく、かといって人通りがまったく絶えてしまうわけでもない、捨てた親がみつからないですみ、かつ捨て子を見つけてもらえる、実に微妙な時間帯でもある。

また三丁目は、出雲街道に面した町でもある。津山城下町の捨て子について、捨て子が発見された町名と、その件数を見てみると（図9）、捨て子は、津山城下町のなかを東西に延びる出雲街道にそって捨てられていたことが見てとれる。

しかも、捨て子が発見された町別に見ると、内町で一二件、城西（西今町、茅町）で七件、城東（東新町、西新町、中之町、勝間田町）で一一件、そして武士町（上之町）、寺町（本行寺）でそれぞれ一件となっている。捨て子たちは、城下町の中心部、そして農村部

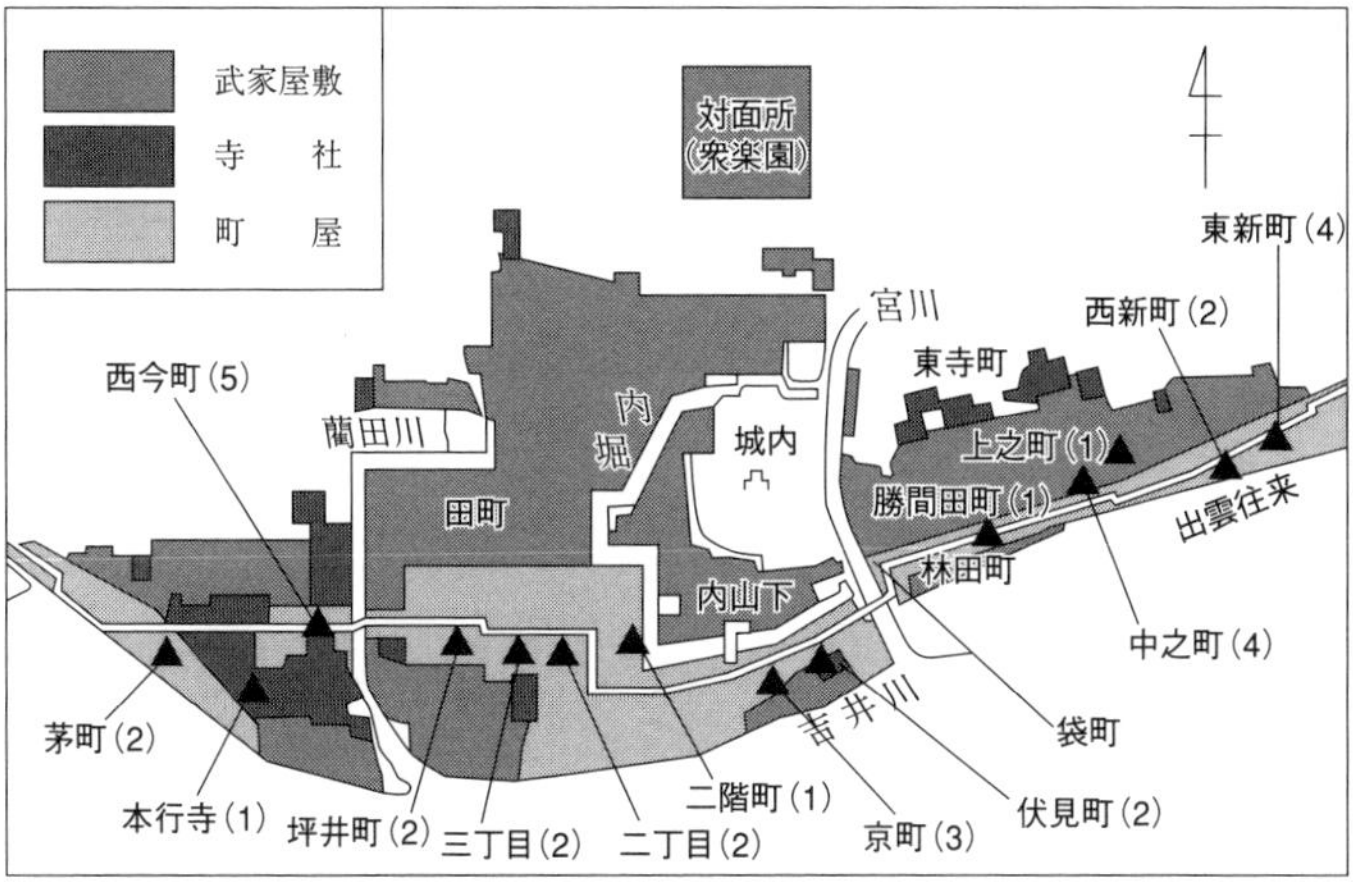

図9　津山城下町の捨て子
（『岡山県の歴史』より作成．▲は捨てられていた場所，（　）は件数を表す）

から城下に入る出雲街道沿いの城西、城東に多く捨てられていた。捨て子たちの多くが、岡山城下と同じように人々が多く行き交う街道沿いに捨てられた理由は、見つかりにくく、また拾ってもらわれやすい場所だったことに求められる。

また表3に発見場所が明らかな二九件の内訳を示したが、津山城下でもっとも多いのが屋敷戸口である。城下町では全体の七二%にあたる二一人の子どもが屋敷戸口に、しかも、そのうちの六二%にあたる一三人は、つる同様有力町人や町年寄の家の前に捨てられている。

つるが捨てられた場所、時間、所持品から、この親にとって捨て子は、子どもの生

表3　捨て子の発見場所（津山城下）

城下町	件数(%)
屋敷戸口（門先，表口）	21(72)
石橋の上	4(13.7)
店先	2(6.9)
寺の表門	1(3.4)
土手	1(3.4)
合計	29

存の可能性を高めるための選択であり、自分では養育できない子どもを他者の手にゆだねる行為であったことが見えてくる。それは赤子と共倒れになることを避け、自分自身の生活の道を切り開くために、自分と子どもがともに生き延びるためにとられた選択であった。

捨て子発見の後、捨てた者を見た者、また怪しい者がいた場合は申し出るよう町触《まちぶれ》が出されている。しかし、捨てた親はついに見つからなかった。天保一〇年（一八三九）には、拾い主の庄助が養育願を出し、宗門人別改帳《しゅうもんにんべつあらためちょう》に入れることを願い出、養育料として米三俵を受け取っている。つるは、数え年で四歳になっていた。飢饉と貧困の二重苦の中で、自分の身を、そしてできることなら子どもも生かそうとするこの親の、とくに母親の姿は、「産む性」であることに翻弄される受身の犠牲者という印象からは程遠い。また「子を捨て我が身を立てる」との言葉は、近代になると「母性愛」という言葉とともに社会に流布していく自己犠牲や献身により子育てをする母親像とも無縁である。

女の身体との関わり

一九世紀前半のこの時期、妊娠中の病気や出産によって母が命を失う率は高く、産後の肥立ちの遅れや出産により病気になることも多かった。鬼頭宏は、江戸時代には出産可能年齢である二〇、三〇歳代の女性の死亡率は男性の二倍を占めていること、その理由は難産や産後の肥立ちの悪さによると考えられると指摘している（鬼頭宏『人口から読む日本の歴史』）。

当時の出産が母親にとって危険をともなうものであったことは、「安産」という言葉の使われ方からもうかがえる。赤子が死んでも母親が無事であれば「安産」と表現された。天明元年（一七八一）七月から文化六年（一八〇九）一〇月までの二八年間に、津山城下で産婦が死亡した事例一七件のうちの一二件、実に七〇％が出産時の死亡である（沢山『出産と身体の近世』）。

天保期に歌川国貞《うたがわくにさだ》によって描かれた「女子教訓狂歌合《きょうかあわせ》」（図10）には「真実に我が子をおもひたらは　ま〻母とおもふま〻子あらじな」の歌が添えてある。当時は難産などで若い母が死亡することも多く、継母が多く見られたため、我が子同様に育む心得が述べられたのであった（『遊べや遊べ！　子ども浮世絵展』）。

また江戸時代には母乳が不足したり、ない場合に他人の乳で育つことは、珍しいことではなかった。しかし「母性愛」が強調される近代になると、母乳は単なる「人乳」どころか「母乳」ですらなく「実母哺乳」の名称を与えられて産みの母親に結び付けられていく（沢山「子育てにおける男と女」）。

捨て子の背景には、こうした当時の女性たちの身体をめぐる状況があった。さらに農民

図10 「女子教訓狂歌合」
（天保〈1830-43〉頃，歌川国貞画，公文教育研究会蔵）

の場合、家族の成員は重要な労働力であり、幼い子どもをかかえた母親も例外ではない。このような状況は、家族や地域共同体が協力して子育てすることを求めるものであった。近代の母親たちを強く縛っていくこととなる「母一人の手による子育て」という観念は生まれようがなかったのである。

捨て子、とくに乳児の捨て子が発見された場合は、乳を与えることがまず最初にとられるべき措置であった。一方、捨て子を貰い受けたものの、乳が出ないために、返されることもあった。

天保八年（一八三七）一〇月二九日の夜九つ時分（午前零時ごろ）、津山城下の上層町民、玉置宇左衛門《たまきうざえもん》の名代、三室屋文蔵《みむろやぶんぞう》の戸口に「三歳、八月八日出生、伴吉」と書いた書付を添えた三歳ばかりの男の子が捨てられていた。この捨て子を引き受け養育したいと申し出たのは、上之町の作人（耕作を請け負う人）亀太郎《かめたろう》である。一一月一八日、亀太郎はこの子を貰い受けている。

ところが、亀太郎の妻が患い乳が出なくなってしまった。そのため「極貧者」であった亀太郎は、ことのほか難渋し、文蔵や亀太郎の親類・組合とも相談した結果、捨て子を返したいと言ってきた。そこで、天保九年三月二一日には、三室屋文蔵から、捨て子を亀太郎から取り戻して養育したいとの願いが出されている。

さらに一一月一五日には、戸川町《とがわまち》の明石屋ひさが、この捨て子を引き受け養育したいと申し出、「身元慥成《たしかなる》もの」なので、遣わしたいとの願い出が三室屋文蔵から出されている。一一月一八日には、ひさに養育料として米三俵、文蔵には捨て子を長い間養育してきたことへの賞詞が与えられている。

乳児の捨て子が育つために乳は何よりも重要であった。そのため、乳以外に子どもを養う手段などないような極貧層の人々も、乳があるという条件で捨て子を貰い受けることがあったのである。極貧者にとって米三俵の養育料は大きな魅力であった。

捨て子の死亡率

貰われた捨て子たちは、どのような運命をたどったのだろう。捨て子のなかには拾われたものの死んでしまう捨て子もいた。岡山城下七七件（享和元年〜万延元年〈一八〇一〜一八六〇〉）の捨て子のうち、病気で死んだことが確認できる捨て子は二人（生後三ヵ月、生後五ヵ月）。他方、天保六年〜一二年（一八三五〜一八四一年）の津山の捨て子事例を見ると、城下町では二九人のうち三人（生後二ヵ月、五歳―二人）、農村部では一九人のうち四人（生後二ヵ月、二歳、三歳、四歳）の捨て子が死んでいる。

これら岡山、津山で死んだ捨て子九人のうち四人は、生後五ヵ月未満の乳児である。乳児の生命は失われやすかった。しかし岡山、津山の捨て子事例一二五件のうち死亡が九件というのは、当時の子どもの死亡率と比較しても格段に低い。

鬼頭は、懐妊帳や過去帳から直接算出されたものや、モデル生命表から推計するなどして出された幾通りかの乳児死亡率の推計をもとに、江戸時代後半には出生児の二〇％近くが一歳未満で死亡していたことになるとしている（『人口から読む日本の歴史』）。

他方、岡山、津山の捨て子事例では、生後一歳までの捨て子は岡山城下では六〇人、津山城下では一六人の計七六人。そのうち死んだのは三人だから、一歳未満で死んだ捨て子は捨て子全体の約四％ということになる。もっとも鬼頭が推計した乳児死亡率は出生児全体に対する死亡率なので比較はできない。しかし、捨て子の死亡率が思いのほか低いということは言えるのではないだろうか。

その理由は三つ考えられる。一つは、拾われる前に死んでしまった捨て子は記録されなかった可能性があること。二つは、いったん拾われた捨て子は手厚く保護されたと考えられること。三つには拾われたもののすぐに死んだ捨て子は届け出がなされなかった可能性があること。というのも、拾い上げた捨て子が死んだ場合は、流産、死産の場合同様、農村部であれば庄屋、城下であれば年寄による死骸見分がなされ、医師の容躰《ようだい》書の提出が求められるなど、病死に違いないことを証明しなければならなかったからである。

藤田家の捨て子もそうだが、無事生き延びた捨て子は、取り上げた家のものが、身元引き受け人や養い親となることが多かった。養子先や身元引き受け人がわかるのは、岡山城下七七件中四九件。そのうち捨て子を取り上げ乳を与え養育していた家が、そのまま養い親や身元引き受け人となっている事例が、男子で八件、女子で一二件と、全体の四一%を占める。捨て子の生存を願うなら、どこに捨てるか、拾って育ててくれる人物かを考慮したうえで捨てる必要があった。

養い親は誰か

捨て子たちは、どのような養い親に引き取られたのだろう。生き延びた捨て子は、ほぼ八歳になるまでに、養い親や身元引受人のもとに引き取られている。その理由は、藩から養育料を支給される年齢が七歳までだったこと、また歳が大きくなってしまった捨て子は、育てにくいと考えられていたようだ。

元禄一六年（一七〇三）九月、御野《みの》郡南方《みなみがた》村（岡山市）で見つかった一一、三歳の女児の場合は、南方村の名主が村中、さらに近隣の村々まで呼びかけたが、養おうというものがなく、「東ノ山」（非人身分）につかわされている。誰も貰い手があらわれなかった理由について南方村の名主は、ひねくれていて、生い立ちが悪いため（「こひれもの二て生立悪《あ》敷《しく》御座候」）と述べている（『藩法集Ⅰの下』）。すでに歳がいってしまった子どもは、性質も固まってしまい育てにくいという認識があったことも、貰われる捨て子が八歳までに集中している理由ではないかと思われる。

　岡山城下の場合、養い親や身元引き受け人の家族構成がわかる事例は一二件。それらは、大きく四つの類型に分けることが出来る。一つは豊かで安定した家族（三例）、二つは、実子がいない、または子どもがいてもまだ幼い家族（四例）、そして三つめは年老いた母と息子の不完全家族（一例）、そして四つめは独り者の男や後家《ごけ》の単身家族（四例）である。

　捨て子の養い親や身元引き受け人となったのは、家族数も多く安定した家族や子どものいない家族だけではなかった。後家や独り者の男のなかには、おそらく褒美金一両の養育料を目当てに養い親になった者も含まれていたことだろう。

　岡山藩は、幕府が「生類憐み令」を出すよりも約三〇年前に、捨て子養育者に褒賞を与える措置をとっている。また元禄三年（一六九〇）一〇月二五日に幕府から出された単独の捨て子禁令を受けて、捨て子の養育料や褒美金を藩が支給している。こうした藩の側の捨て子養育への措置は、拾われることを期待した捨て子を生むとともに、養育料の支給を目的に捨て子を貰い受ける人々を生み出したものと思われる。

捨て子の養育は、捨てる側の親たち、そして貰う側の人々相互の利害の絡まりあいのなかで維持されていた。

つけられた名前

捨て子の名づけ

名前はいちばん短い物語

「人の名前は、いちばん短い物語」、これは児童文学者、清水真砂子の言葉である（『幸福に驚く力』）。

あるとき清水は、沖縄の「平和の礎《いしじ》」に行き、そこに刻まれた沖縄戦で亡くなった人たちの名前を読み始める。ところがいざ読み始めたら一向に進まない。なんでこんなに時間がかかるのだろう。そう思ううち、清水ははっと気づく。もし刻まれなかったら、その人たちはいなかったことになってしまう。しかし刻まれたことによって、そこに一人の人間が、生まれてきて何年か何ヵ月かは分からないが、少なくともこの地上に生きて、そして殺されたことが分かる。名前を読みながら、そこに物語を読んでいたのだと。

捨て子をめぐる史料についても同じことが言えるのではないだろうか。それはある時代、ある場所に生まれ、しかし何らかの事情で捨てられ、そして拾われた子どもがいたことを私たちに伝えてくれる記録でもある。

なかには、捨てられた子どもの名前が分かるものもある。捨て子に添えられたお守りや手紙のなかに子どもの名前が記されている場合である。子どもの名前を記したお守りや手紙は、今は捨てざるを得ないけれども、生まれたときには、ちゃんと名前をつけて育てようとした子どもであることを拾う側に知らせたい、そんな親の願いの反映でもあった。

しかし、捨て子の多くは幼く名前も分からない。また捨て子たちが養子としてもらわれた場合も、その名前が、養子証文のなかに記録されることは少ない。菅原によれば近世京都の町有文書のなかには、名前のない子どもの養子証文が残っていることがあるが、それら名前も記録されていない子どもたちは、捨て子であることが「充分に予想される」という（「近世京都の町と捨子」）。

では、その多くが名前のない捨て子たちは拾われたあと、どんな名前をつけられ、またその名づけにはどのような意味が込められていたのだろう。

名づけが意味するもの

捨て子への名づけの意味について具体的な捨て子史料をもとに考えた研究は、今のところ見あたらない。こうした事情は、西洋の捨て子研究でも同様らしい。一五世紀イタリアの捨児《すてご》養育院の子どもたちについて高橋友子は次のように指摘している。

一般に、捨児の命名は、どの捨児施設においてもなされていた。だが、捨児たちにどのような名前が付けられていたのかについては、従来の研究においてはほとんど明らかにされていない。

そこで高橋がイタリアのインノチェンティ捨児養育院について明らかにしたところによれば、捨児たちの命名には、この時代の一般的な子どもの名づけ方の特徴が見られるという。捨児たちには、一般の子どもと同じように、聖人に因んだ名前や聖人の名前、あるいは先に死んだ子どもの名前や月の名前がつけられていた。

しかし、捨児の命名にはそれ以外の特徴も見られる。捨児たちのなかには、神の加護を求める名前や「捨児」のニュアンスを露骨に示す「捨てられた」「不幸でかわいそうな」「救いのない」を意味する名前をつけられた子どももいた。

他方、一八世紀フランスの「捨て子の命名」について考察した藤田苑子によれば、捨て子の洗礼に当たって生じた問題は、身元不明の子どもにどのような姓名を与えるかという問題であった。名のほうはそれほど問題ではない。なぜなら、カトリック社会では、洗礼に立ち会う代父と代母から洗礼名をもらう慣習があるからである。捨て子もそれに従った。だから捨て子だからといって、特に変わった名前がつけられたわけではない。

問題は姓である。姓のほうは、創作するしかない。たとえば、フランス語で「捨て子」を意味するアンファン・トゥルーベのトゥルーベをとって「マリー・トゥルーベ」。また姓には、子どもたちが捨てられた時や場所、特に場所と関連深い姓がつけられることが多かった。

たとえば通りに捨てられていた子どもには通りを意味する「リュー」や捨てられていた通りの名、あるいは扉や門、病院、礼拝堂、さらには入れられていた器などを示す名がつけられた。このように「捨てられた場所を示す名前が多く選ばれたのは、親が引き取りにきた際に見つけやすいという理由からかもしれない」と藤田は述べている。

一五世紀イタリアや一八世紀フランスについて見る限り、ヨーロッパでの捨て子の命名は、捨て子であることを印付けたり、捨てられた場所を示すものであったようだ。

では日本ではどうなのだろう。取り上げるのは岡山県の井原《いばら》市に残された捨て子史料である。捨て子につけられた名前は米吉《よねきち》と鳩助《はとすけ》。二人の捨て子の名前は、どんな物語を私たちに語ってくれるのだろうか。

二人の捨て子

米筵の上の米吉

米吉と名づけられることになる捨て子が発見されたのは、文久《ぶんきゅう》元年（一八六一）七月九日のことである。備中《びっちゅう》国後月《しつき》郡門田《もんでん》村（岡山県井原市）庄屋、哲二《てつじ》が翌一〇日に書いた覚えには、捨て子発見の様子が次のように記されている（『井原市史』Ⅲ）。

文久元年、七月九日夜半に、玄関近くで母を慕って赤子の泣く声が聞こえた。たちまち眼が覚めて戸を開けてみると、時はまさにいつも鶏が鳴く時間。籾《もみ》と米が交じった筵《むしろ》の上に、木刀と書札《しょさつ》を添えた子がいた。たくさんの蚊の群れの毒尾を厭い泣く声が悲しい。すぐにこの子をとりあげ乳母につけた。この子は、米筵の上にいたため、木性米吉と名づけた。

拾い上げてすぐ哲二は、乳母の乳を与えている。哲二の文面からすると、この子が泣き声をあげたのは米筵の上に置かれたあとのことである。捨てた親は、哲二が戸を開ける直前に、まだ夜が明けきらない暗闇にまぎれて姿を隠したのだろう。

米吉という名は、捨て子が捨てられていた場所である米筵にちなんでの名づけであった。捨て子発見から四日後の七月一三日には、哲二と庄屋後役《あとやく》の都美冶《とみじ》から江原《えばら》郡役所に次のような届けが出されている。

　去る九日の夜、私共の自宅軒下へ、木綿紺竪かすり繻（うすきぬ）を着せ、絹の腹当てをし、木の菖蒲《しょうぶ》脇差と人命を助けてほしい旨をしるした書札を添えた捨て子があった。拾い揚げてみたところ、男子で、およそ八十八日位（弐ヶ月）もたった子どものようにみえる。そのためこの子に米吉と名づけ、早速乳を与えて養育をしている。これまで方々に尋ねたが、いっこうに心当たりがない。もし心当たりがあったならば届けるが、捨て子に添えられた書札を添えてお届け申し上げる。

この届には、哲二の覚えよりも、もう少し詳しく捨て子をめぐる情報が記されている。覚えには、捨てられていた場所は玄関近くとあった。しかし届けでは哲二の自宅の軒下に捨てられていたとある。捨て子は雨露を防ぐことのできる軒下に捨てられていた。

また衣類や、添えられた木刀、書札の内容についての記述もより詳しい。この子は、木綿かすりの袷《あわせ》を着せられ絹の腹当てをしていた。また木刀は「木の菖蒲脇差」であった。さらに書札には「人命」を助けてほしい旨が記してあった。

捨て子の月齢も記されているが、およそ生後八十八日位たっているように見える赤子であった。もっとも、その月齢は「弐ヶ月」と修正されている。八十八日という日数が何を根拠にするものなのか、またなぜ二ヵ月と修正されたのか、文面からはわからない。

名づけについても、米吉という名は「八十八」にちなんでつけられたと書かれている。確かに米という字は「八十八」と書く。七月一〇日から一三日までの四日間、あちこち尋ねたが、結局、捨て子に関する情報は得られなかった。

人命を助けるために

捨て子、米吉には、「一書」と上書きされた包紙に包まれた手紙も添えられていた。その文面は次のようなものである。

この子は確かな農家の産まれ（此子慥成農家之産）だが、余儀ない事情で捨て子をせざるを得ない。どうか人命を助けてくださるようひとえにお願いしたく（人命之助一入奉願上度）、助けてくださったならば、遠からず性名（姓名）も顕《あらわ》し厚くお礼を申し上げる。
文久元酉年
七月

捨てられたのは、まだ言葉も話せず、泣くことしかできない乳児である。他方、捨てた親は自らの素性を明かすことができない。そうした事情のなかでこの手紙は書かれた。人命を助けるために捨て子という選択をせざるを得ないと手紙には記されている。その言葉からは、幼いとはいえ、赤子の命も「人」の命であり、また「人命」は貴重なものとして意識されていたことがわかる。

手紙に込められたメッセージとは何なのだろう。そのことを考える上で、近世後期の小倉藩の事例をもとにした川本英紀の研究（「捨子の置手紙と『氏・筋・由緒』――近世後期小倉藩を事例として」）は貴重な示唆を与えてくれる。

小倉小笠原藩領の大庄屋文書に含まれる御用留には享和元年（一八〇一）から明治元年（一八六八）までの六七年間で、四八〇名にのぼる捨て子事例がある。また、そのなかの二五二名には置手紙が添えられていた。その捨て子事例にも学びながら、米吉に添えられた手紙が伝えるメッセージを読み解いてみることにしよう。

隠されたメッセージ

「この子は確かな農家の産まれ」という言葉は、拾う側に、赤子の素性が正しいことを知らせる文言と理解してよいだろう。小笠原藩領の捨て子の置手紙にも、「素性（姓）無紛《まぎれもなき》百性（百姓）子供ニ而《て》御座候」「百ひう（姓カ）のこニ而しそんもよろしき候」など、農家の出自であることを示す文言をみることができる。

だが、捨てた親が自ら名乗り出ることはまずあり得ない。とすると「遠からず性《ママ》名も顕し」という文面のねらいは、「性名」、つまり苗字を所持する家の子どもであることを示すことにあったのではないだろうか。それはまた、大切に育ててほしいという親の願いを示すサインでもあったと思われる。小笠原藩の捨て子の置手紙にも、「何之何かし」と苗字を持つことを記したものがある。川本は、このような表現で示したかったことは、この捨て子には苗字があり、血統・由緒が「正しい」ということだったのではないかと推測している。

米吉の服装や所持品は、確かな農家の産という言葉を裏づける。絹の腹当てをした米吉には木の菖蒲脇差が添えられていた。この地域の男の子の初節句は五月の菖蒲、端午《たんご》の節句である。木の菖蒲脇差とは、五月の初節句の祝いの木刀のことだろう。

江戸時代、男の子の成長を祝う端午の節句には、男の子たちは木製の菖蒲刀を振り回し、あるいは編んで縄状にした菖蒲で地面を打つ「菖蒲打ち」をして遊んだ。菖蒲の葉から出る強い香りは健康を保ち邪気を祓う力があると信じられていたのである。

捨て子に添えられた生育儀礼に関わる品は、子どもの生育への親の願いを示す。ところで書札には七月とあるだけで、日にちも宛名も記されていない。その意味を考えるうえで興味深い事例を川本は紹介している。天保七年（一八三六）一一月、田川郡中津《なかつ》原《ばる》村に生後五〇日ほどの男子が捨てられていた。この捨て子に添えられていた「御家ヲ見立候間、何卒御助ヶ可被下候《くださるべく》」と記した手紙の日付は「申《さる》一一月一〇日」。しかし、実際に捨てられていたのは「田ノ中」の「鋤溝《すきみぞ》ノ中」、捨て子が発見されたのは一一月七日のことであった。このズレをどう理解したらよいのだろう。

川本は次のように推測する。どこの門口に捨てても使えるような内容の置手紙を前もって用意し、一一月一〇日に捨てる予定であったが、何らかの予定で捨てる日が早まり、しかも当初の計画とは違って、田んぼのなかになってしまったのではないか。

捨て子の置手紙をその場で書くことはまず考えられない。ほとんどの場合、置手紙はあらかじめ書いておいて携えるものだろう。そう考えるなら手紙に記された日付は、その手

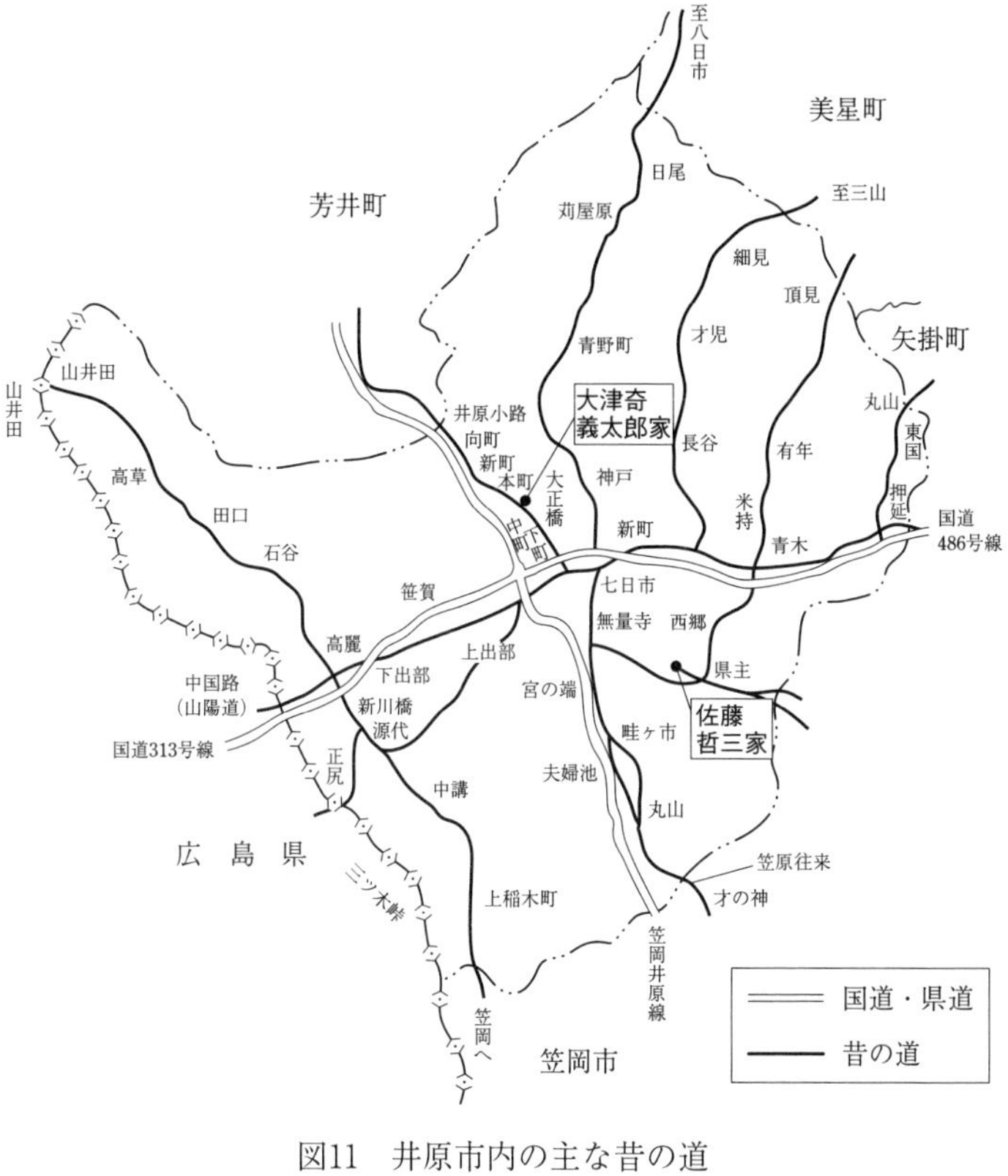

図11　井原市内の主な昔の道

(『井原市史Ⅵ　民俗編』2001年より作成．2005年より芳井町・美星町は井原市に合併)

紙を記した日、あるいは捨て子をする予定日ということになる。

米吉に添えられた手紙も、前もって用意されたのだろう。また七月と記されているところからすると、この手紙は七月に入ってから、あるいは、七月に捨てることを決意した時点で書かれた。しかし、記されているのは月だけで、日も宛名も記していない。手紙が書かれた段階では、捨てる日にちも、どこに捨てるかも決まっていなかった。捨てることを決意し手紙を書いてから、七月一〇日に捨てるまでの間は、拾って育ててくれそうな家を捜すために費やされた時間。そのように考えると、その間の親の心情が思いやられる。

哲二が庄屋を勤めた門田村は、家数一九六、人数九一〇人。近隣のなかでも豊かな農村であった。また佐藤家は、高台のよく目立つ位置にあり、三本あった笠岡往来の一つに面して建っていた（図11）。米吉を抱えて笠岡往来をやってきた親は、その居宅の構えを見て捨てたのだろうか。

鳩助の場合

米吉が庄屋、哲二の家の前に捨てられた二年後の文久三年（一八六三）八月一四日の早暁、井原《いばら》村、陣屋《じんや》役人、大津寄義太郎《おおつきぎたろう》の倉に赤子が捨てられていた。義太郎の居宅もまた笠岡《かさおか》往来沿いにある（図11）。義太郎が井原御役所に出した届書、口上書には、捨て子発見の様子が次のように記されている。

乾倉《いぬいぐら》の軒下に赤子の泣き声がするので見たところ、生後数ヵ月と見える男の子だった。上着は古縮緬《ふるちりめん》の単物《ひとえもの》。裾模様があり、丸に木瓜《もっこう》の紋、背には「紅金きん形付覆い継」がある。紐付きの下着は麻の葉模様の古茶縮めん。それに紐付きの紫中形の縮緬の単物を着ている。書付などはなかった。しかし、不幸な人による捨て子（不仕合《ふしあわせ》人之捨子）と思われるので、さっそく引上げ足を洗ったところ、色が白く良い家の生まれ（相応之生れ）で随分丈夫である。早速、おもゆ（煮抜きの湯）を飲ませ地黄《じおう》を煎じたものなどを飲ませたところ良く飲むので、乳も飲ませた。これまで、離乳食（お膳）も少しは食べさせていたものと見える。

裾模様、丸に木瓜の紋のついた着物はこの地域の宮参りの衣装を思い起こさせる。「宮参りごう」と称されるこの地域の男の子の初着は、熨斗目《のしめ》模様や紋付（図12）である。捨て子は日常の衣装ではなく晴れ着を着せて捨てられていたものと思われる。また丸に木瓜の紋（図13）は、捨て子の家柄を示すものでもあった。

この子は、まず地黄を飲ませた上で乳を飲ませるなど、当時の子育て書にのっとった丁寧な扱いを受けている。文政三年（一八二〇）に世の人一般に向けて刊行された岡了允《おかりょういん》の『小児《しょうに》戒《いまし》草《めぐさ》』では、小児にはじめて乳を与える時の注意事項が記されているが、そこで

図12　初着
（宮参りごう，青野町『井原市史Ⅵ　民俗編』より転載）

図13　丸に木瓜の家紋

は大黄のような下剤を用いてから、「乳《ち》を飲《のま》しむべし」とされている（島野・白水『「かにばば」と胎毒―近世産育書における「胎毒」観の変遷に関する一考察―』）。

捨て子は鳩助《はとすけ》と名づけられた。その理由について義太郎は、この日は、社日《しゃにち》（土地神《うぶすながみ》を祭って、春には豊作、秋には収穫を感謝する日）であり、とくに八幡宮の祭日だったためと述べている。『和漢三才図会《わかんさんさいずえ》』には「俗以って神使途為す」とあり、鳩は八幡大菩薩とも呼ばれた八幡神の神使とされている。八幡宮は産土神、そして鳩は神のお使いでもある。鳩助という名前には、神が使わした子ども、そして神が使わした子どもとして「助」けるといったニュアンスが感じられる。事実、鳩助は、その後、多くの人々の助けによって育てられることとなる。

文久三年（一八六六）三月の「大津寄義太郎宗門書上」（『井原市史Ⅳ』）によれば、このとき義太郎は二七歳、祖母の琴桂が七四歳、妻の宇佐《うさ》が二三歳、他に義太郎の弟の環《たまき》一九歳、妹のぬい一三歳が一家を成していた。義太郎夫婦はもう子どもがいてもおかしくない年齢でありながら子どもに恵まれない夫婦であった。その義太郎夫婦のもとに鳩助は捨てられたのである。裕福でしかも子のないのを知って捨てたと思われる。しかし義太郎の家には、乳を与えるものはいなかった。一四日は友重《ともしげ》、鹿蔵《しかぞう》のところで乳を飲ませ、一四、一五日の夜は、慶治郎《けいじろう》の妻、春《はる》が、一六日から二〇日までは孝介《こうすけ》が預かっている。

義太郎が残した記録「棄児鳩助記事並入費録」（『井原市史Ⅲ』）によれば、義太郎は、一三、一四日、鳩助のために、島ひな袷、島継しま袷、島ひよく単物、ひよく肩袖入袷、ひな襦袢、それぞれ一枚と、おむつ一〇枚の代金を支払っている。

一六日には、新町の大工屋、長平《ちょうへい》の妻の母、きのから、娘の乳が多く出るとの申し出があったため、一日一匁と定め、二一日の夕方から長平に預けている。この日、義太郎は長平に、島布団一帖、座布団・巻布団二つ、被負子羽織《ひふ》（子どもを背負う時に用いる着物、ねんねこか）一枚の代金を、さらに夕方には白米二升の代金、三匁六分と、銀札十匁を遣わしている。食料、夜具、衣類などの代金が支払われたのであった。その後、九月八日から一二月三日のあいだに鳩助の養育に関わった人々、きのや長平などに、義太郎が渡した額は、それぞれ一〇匁ずつ。

捨てられた村で捨て子を育てる村方養育の様子はこの記録からもうかがえる。八月一四日から一二月五日までに鳩助を預かった人々に義太郎が渡した金額は一〇〇匁をゆうに越える。これは今のお金に換算すれば、一〇～一六万円になる。村方養育には、多くの資金が必要であった。

鳩助の素性

その後、鳩助の素性が判明する。鳩助は、西江原《にしえばら》村百姓、松右衛門《まつえもん》の倅、市太郎《いちたろう》であった。鳩助は捨てられてから四ヵ月後の一二月一二日の夕方、父である松右衛門の親類の逸平《いっぺい》に引き渡されている。逸平はこのとき、鴨二羽、酒一升、そして市太郎の親、松右衛門、その親類・組合、西江原村の庄屋、茂九郎から義太郎宛の書札を携えてやってきている。

書札からは、市太郎が捨てられた経緯が明らかになる。松右衛門が、余儀ない理由から、隣村のものへ、少々の養育料、金子を添えて市太郎を遣わしたのは八月。ところが、市太郎の養育を引き受けた者が、どうしたことか、義太郎の家の前に倅の市太郎を置いてきたといううわさが伝わってきた。その後、松右衛門にも問い合わせがあり驚いたが、早速、関係したところを調べるのも、お上に恐れ多く容易ではないことなので、これまで長々と養育の厄介になってしまったという。

ちなみに、養育料を貰いながら市太郎を捨てた人物に対する罰則の記録は見つかっていない。また松右衛門も養育料を添えて預けた人物が市太郎を「置いて」きたと述べ「捨てた」という言葉は用いていない。

松右衛門は、八月中からこれまで長々と養育していただいたご恩は忘れないこと、義太郎が市太郎の一命を救ってくれたことを有難いしあわせと思っていること、ここに格別の「御自愛」を持って、市太郎を渡してくださるよう、もし市太郎について、どこかから、面倒なことを申し出るようなことがあったならば、いつでも私どもがまかり出て申し開きをし、あなた様に面倒をかけるようなことはしないと述べている。

松右衛門が「面倒なこと」と述べたように、一二月一二日に鳩助が父方の親類に引きとられるまで父方と母方の親類のあいだで、市太郎の奪い合いがなされていた。ここで、そのことに触れておくことにしよう。

鳩助が捨てられてから一ヵ月以上たった九月二九日、笠岡の大津屋保兵衛《やすべえ》、伏見屋源兵衛《げんべえ》、そして捨て子、鳩助の親類の者だという出部《いずえ》村の佐太郎が義太郎のもとにやってきた。当方の孫を拾ったかどうか尋ね、その子を見せてくれるようにと頼むので、義太郎は、鳩助を預かっていた長平に申し付け鳩助を連れてきて見せている。

これらは実は市太郎の母方の親類の人々であった。鳩助の母親は備後鞆津《とものつ》の、八籠屋与一郎《やかごやよいちろう》という魚問屋の娘で、笠岡の畑中屋秀太郎《ひでたろう》方に縁付いている姉のところに厄介になった後、畑中屋から小角《こずみ》村の松右衛門のもとに縁付いて七、八年になる。ところが近頃どうしたことか折り合いが悪く、市太郎を残して笠岡の畑中屋に引き取られたのであった。鳩助が隣村のものに預けられた原因も、母親が家を出てしまい、乳を与えられないという事情にあったと思われる。

その約一ヵ月後の一〇月二四日には、鳩助の母を引き取った畑中屋秀太郎が、再びやってきて鳩助を見せてくれるよう頼んだため、長平方にひきとられていた鳩助を内々に見せている。

一一月一日には、今度は父方の西江原村庄屋、片山茂九郎の代理の芳太郎《よしたろう》がやってきて松右衛門からの礼と、何分、今すぐ捨て子を引き取ってても乳もないので、今少しの間、厄介になりたいという願いを伝えている。

さらにその二〇日ばかりあとの一一月二三日には再び、母方の笠岡の大津屋安兵衛、伏見屋源兵衛の両人がやってきた。彼らは、厄介になったお礼と、鳩助は松右衛門には渡さないよう、もし渡すようなことになったならば、鳩助の親類である出部村の佐太郎に一応知らせてくれるよう頼み置いて帰っている。この経緯からは、父方と母方のあいだで鳩助の取り合いがあったこと、そこには親類・組合のみならず庄屋も関わっていたことがわかる。結局、鳩助は父親に引き取られたのであった。

名づけにこめた願い

さて米吉、鳩助、二人の捨て子につけられた名前の意味するところは何か。最後にそのことについて考えることにしよう。

近世から近代にかけての名前の近代化について北関東の村落を中心に実証的に明らかにした森謙二によれば、近代以前には、男子の幼名や女子の命名法は、出生の順・生まれた干支や季節等、命名者の有意的な選択の結果ではなく、出生の外的条件によって決定される傾向が強かったように思われるという（「名前の近代化」）。

確かに、米吉も鳩助も、米吉は、捨てられていた場所、鳩助は、捨てられた日が神社の祭礼という外的条件との関わりでつけられている。その点では、米吉と鳩助という名前は外的条件によって決められるという、近代以前の名づけの特徴を備えている。しかしそれだけではない。米吉につけられた「米」の字、また鳩助につけられた「鳩」の名には、捨子の幸を祈る意味が込められているように思われる。役所への哲二の届けにもあるように「米」は「八十八」という末広がりの字であり、豊かな実りと人生を意味する。他方「鳩」は八幡神社の神の使いを意味する。

大津寄家には井原村の宗門改め帳が残されている。ただし、米吉が拾われた文久元年（一八六一）の宗門改め帳は残存していない。そこで、翌年の文久二年から鳩助が捨てられた文久三年までの宗門改め帳について、そこに記載された七歳以下の男子の名前について調べてみた。記載された男子は文久二年は一〇一名、文久三年は九七名。そのうち、米のつく名前を付けられた男子は「四米吉」のみ。「鳩」の名を付けられた男子はいない。また「吉」という名を持つ男子は全体の約五％（文久二年は七名、文久三年は三名）、「助」の名も全体の約五％（文久二年は四名、文久三年は六名）にあたる。ちなみに男子の名前でもっとも多いのは太郎のつく名前である。これは全体の約一七%（文久二年は一七名、文久三年は二三名）。とすると捨て子の米吉、鳩助の名は、ごく一般的とは言えないにしても、一般の子どもたちの名前と比べてとりわけ特殊とも思えない。

ところで小倉藩では、文政九年（一八二六）、養育困難のため藩から養育の「扶持《ふち》」を与えられた郡方養育の子どもを識別できるように、名前の下の字を、男子は「仁」、女子は「女」とするようにとの触れが出されている。しかし、子どものなかには成長するにつれ、「恥入候者《はじいり》」もいるらしいというので、嘉永元年（一八四八）正月の触れでは、すべて「常体之名《じょうたい》」（普通の名）に変えさせ、改名の上は、速やかに届け出るよう指示されている。名前で識別する政策は根づかなかった。その政策は二二年で、言い換えれば名前で識別された子どもたちが成長し、その受けた苦悩が明らかになった段階で終わりをつげている（永尾正剛「北九州の近世女性史研究序説（1）」）。

岡山城下の捨て子の場合はどうだろう。拾われたあとに名づけられたこと、またその名前がわかる男の捨て子は、表4に示すように一五人。そのうち四人の捨て子に「吉」の名がつけられている。享和元年（一八〇一）九月、生後九ヵ月くらいで捨てられた「万吉《まんきち》」、嘉永七年（一八五四）、一歳で捨てられた「伊三吉《いさきち》」、安政三年（一八五六）、一歳で捨てら

表4　拾われた後に名付けられた男子（岡山城下）

番号	西暦(和暦)月日	年　齢	付けられた名前
1	1801年(享和元) 9月6日	生後9ヵ月	万吉
2	1847年(弘化)　11月25日	1歳未満	松之助
3	1850年(嘉永)　5月23日	2歳	染八
4	1851年(嘉永4) 2月5日	1歳	銀之丞
5	〃　9月5日	1歳未満	鹿之助
6	〃　11月1日	2歳	太左衛門
7	1853年(嘉永6) 2月3日	2歳	金蔵
8	〃　2月3日	1歳未満	柳之助
9	1854年(嘉永7) 2月15日	2歳	弥介
10	〃　5月1日	1歳	伊三吉
11	〃　8月19日	1歳	嘉七郎
12	1856年(安政3) 9月4日	1歳	近蔵
13	〃　11月24日	1歳	藤吉
14	1857年(安政4)	2歳	八十吉
15	1858年(安政5) 1月9日	1歳	馬之助

れた「藤吉《とうきち》」、安政四年（一八五七）、二歳の捨て子の「八十吉《やそきち》」。

「吉」の字を与えられたのは米吉だけではなかった。そこには捨て子の幸福を願う気持ちが込められているのではないだろうか。少なくとも、江戸の捨て子の名づけには、ヨーロッパの捨て子の命名で見たような、捨て子であることの印付けという意味合いは見られない。

米吉の、その後

さて米吉のその後である。捨てた親については何の手がかりも得られないため、米吉は村方養育とされた。しかし捨てられてから一三日後の七月二二日、この捨て子が「不便《ふびん》」（不憫）なので貰い受けたいとの願いが、哲二と哲二の親類、村役人との連名で江原役所に出される。この場合、哲二が実際に捨て子を不憫と思ったのかどうかはわからない。しかし、少なくとも捨て子が不憫だという理由は、捨て子を貰い受ける理由として役所からも認められる正当な理由であったのだろう。

哲二の願いに対し江原役所は、貰い受けたなら願いの通りに「大切に養育」し、ほかに遣るようなことはしないこと、もしやむを得ない事情で他に遣わすとか、病気になったとか、米吉が実は非人の子どもで、身分成り上がりのために、捨て子がなされたということがあれば（病気其外身分敷替等有之）、一〇歳になるまでは、その時に訴え出るよう仰せ付けている。身分成り上がりのためと並んで記された病気とは、ただの病気ではなくハンセン病のことだろう。ハンセン病の場合は、非人身分に預けられることとなっていた。

自分は仕方がないとしても、せめて自分の子どもだけは穢多・非人身分以外の人に拾われて、「平民の子として撫育」してほしい。中井竹山の『草茅危言』（寛政三年〈一七九一〉）の「捨子之事」や久須美祐雋《くすみゆうせん》の『浪華《なにわ》の風』（安政三年〈一八五六〉）は、穢多・非人の親によるそうした期待を込めた捨て子があることを指摘する。久須美祐雋が大坂町奉行在職中に見聞したことを書き記した『浪華の風』には「穢多村のものども其児を平人になさしめん為に、窃かに謀《はかり》て棄るものあり」とある。

では、なぜ訴えの期限が一〇歳なのだろう。井原には、そのことを裏づける史料は残っていない。しかし、津山藩の「捨子取計方之事」の文政一三年（一八三〇）三月六日の措置によれば、貰い受けた捨て子をもしやむを得ない事情があって外に遣わす場合は、捨て子が一〇歳になるまでは申し出ること、しかし一〇歳以上になったならば「幼年ながらも か也《なり》ニ働も出来」るので、申し出るには及ばないとしている。

当時、一〇歳は、幼いながらも何とか働いて生きていける節目として捉えられていたらしい。杉浦日向子は、「子は十年の預かり物」と言い、「おなかのなかにいるときから十年養って、その後は労働力の一端として世間に出す」、また「一つから九つまで、つ、がついていて、十《とお》で離れる」、俗に、「『つ離れ』ともいわれ数え年十歳は、子供奉公の目安の歳」であったという（『うつくしく、やさしく、おろかなり―私の惚れた『江戸』―』）。

米吉は、少なくとも一〇歳までは、哲二のもとで育てられたのではないかと思われる。その後の米吉に関する記録は無い。哲二は、家内八人、持高は九石五斗四升八合。米吉は捨て子一人は十分に養うゆとりのある家に貰われたのであった。

捨てる女、捨てる男

捨てるという選択

男と女の関係のなかで

鳩助が捨てられた遠因は、松右衛門夫婦の離婚にある。捨て子の直接の原因は、鳩助（実は松右衛門の息子の市太郎）を預かった隣村のものが捨てたことにあるが、そのもとをたどれば、おそらくは鳩助に乳を与える母が去ったことにあるからだ。鳩助をめぐっては、父と母、どちらが引き取るか争われたあげく、鳩助は父のもとに引き取られている。捨て子の背景には、男と女の関係があった。ここでは、男と女の関係という視点から捨て子の問題を考えてみることにしよう。

岡山藩の捨て子をめぐる事件を、近世社会の後家や未婚女性が置かれた状況を端的に映し出す犯罪の一つとして取り上げたのは妻鹿《めが》淳子である（『犯科帳のなかの女たち―岡山藩の記録から―』)。妻鹿は、貧しい女性の場合は、相手の男性が責任をとらず、性交渉の結果の責任がすべて女性の手にかかるため、捨て子という事態に至ると結論づけた。

岡山藩では、享保一六年(一七三一)から嘉永六年(一八五三)までの一二二年のあいだに、捨て子によって処罰された事例は五件、そのうち捨てた事情が分かるものは四件ある。うち二件は女、二件は男が捨てた事例である。この四件の捨て子の処罰例から妻鹿は、次のような仮説を導き出す。

一つは、男と女では子捨ての事情が異なり、男親の場合は生活苦が原因ではなさそうなこと、二つには、貧しい庶民女性の場合、性交渉の結果について相手の男性が責任をとらず、「子どもを抱えて途方にくれる場面が容易に察せられること」、それゆえ、「女性のほうが捨て子をするケースが多かったと考えられる」こと。この二点である。

男と女では捨てる理由が異なるのか、捨てるのは男よりも女のほうが多いのか。妻鹿の研究は、捨て子の問題を男と女の関係のなかで考えるとき、解き明かされねばならない問題が数多くあることを示唆する。

乳がないための捨て子

捨て子の理由は、貧困あるいは姦通などで産んだ子どもの責任が女に課されたためというだけにとどまらない。そう指摘したのは三木えり子である（「近世後期小野藩における捨子と地域社会」）。播州《ばんしゅう》小野藩の家老職を務めた家の日記や大庄屋の記録などから一〇二件の捨て子事例を抽出した三木は、捨て子の理由には、養育責任を課せられた女による捨て子というだけでは説明できない、「母親と離別のため」「母親が病気のため」「乳が少ないため」「父親と離別のため」「両親が離別のため」といった、さまざまな理由がみられると指摘する。

三木によれば、「母親と離別」の場合は残された父親が、「母親が病気・乳が少ない」場合は、夫婦で相談して捨てた可能性が考えられるという。しかも、捨て子の年齢が分かる事例六一件のうち、当歳（一歳）以下の子どもが二五件、二、三歳の子どもが三一件、四、五歳の子どもが四件と、乳を必要とする子どものほうが捨てられる傾向にある。

江戸時代の離乳は遅かった。津山藩の「御定書」のなかの「捨子取計方之事」（文政一三年〈一八三〇〉三月六日）には「小児六・七歳迄者乳を給《たべ》候ものも有之《これあり》候ニ付」とある。ヨーロッパ諸国と比べ「日本は母乳哺育期間が他に例をみないほど長」く「一九世紀中期には母親は子供が六歳か七歳になるまで母乳を与えていた」ことは、すでに歴史人口学で

表5　捨て子理由が明確な事例

捨て子理由	詳　　　細	件数
1.母親がいない(8)	母親と離別のため	3
	母親がいないため	2
	母親大病につき	1
	母親病気にて難渋のため	1
	母親病気にて死去(父親一人では養育困難)	1
2.不仕合せ(7)	不仕合せにつき	7
3.両親がいない(5)	両親に離別のため	3
	親がいないため	2
4.困窮(4)	困窮のため	1
	困窮で，乳も少ないため	1
	困窮で，年貢も払えないため	1
	困窮にて母親難渋のため	1
5.父親がいない(3)	男親がいないため	1
	夫に離別したため	1
	父親が離別したため	1
6.乳がない(1)	乳がないため	1
合計		28

出典：三木えり子作成「捨子一覧表」をもとに作成

も指摘されている（マクファーレン『イギリスと日本―マルサスの罠から近代への跳躍』）。

明治二一年（一八八八）に来日したアリス・ベーコンも、牛乳を飲まない国に生まれた日本の赤子はもっぱら母乳で育てられ、子どもたちは三、四歳になるまで乳離れをしないと述べている（『明治日本の女性たち』）。とすると、六一件の捨て子事例の、少なくとも九三パーセントは乳を必要とする子どもということになる。

子を育てるためには乳が必要であり、それを理由に捨てられることが農村では多かった。表5は、三木が作成した表のなかから捨て子理由が明確な事例二八件を抽出し事例数の多い順に整理しなおしたものである。「1母がいない」（八件）、「4困窮で乳も少ない」（一件）、「6乳がない」（一件）を合わせると、乳がないための捨て子は一〇件と、二八件の三六%をしめる。

ところで一〇二件の捨て子事例のなかで「母に乳が少なく、病身である為」に捨て子をして処罰された事例が一件だけある。ここではこの事例をさらに読み解いてみることにしよう。

弘化二年（一八四五）一〇月一七日、北葉多村《きたはた》（小野市葉多）の藤吉《とうきち》居宅前に捨て子があった。捨て子は小野藩奉行方に届けられたが、その際、怪しい風聞（うわさ）があることが分かる。調べたところ、捨て子は南葉多村《みなみはた》（小野市葉多）の利左衛門《りざえもん》の子どもであることが明らかとなる。利左衛門は、この年の一月に女房を貰い受け、九月に女子が産まれたが、村方（村役人）には死んだと申し出、久保木村《くぼき》（小野市久保木）に捨てたのであった。

呼び出され尋問された利左衛門が申し立てた捨て子の経緯は次のようなものである。一月に女房を貰い、九月に出産したが、月数からすると妻に迎えたあとに妊娠したようには思えない。また、子どもも多いうえ、この後妻に迎えた女房は乳も少なく病身で、生まれた赤子をとても養育できない。そこで、妻が久保木村あたりの様子に詳しいので、夫婦で相談のうえ、一〇月一一日に久保木村に捨てた。ところが、どうしたことか一六日に事が露見してしまい、捨てた子を久保木村から連れ帰るよう申しつけられたため、妻が捨てた子を連れにいった。しかし再び同じ久保木村の丈左衛門《じょうざえもん》方に捨ててしまった。

その後、丈左衛門も呼び出され、昼夜厳しく問いただされている。丈左衛門の申し立ては次のようなものである。一六日の夜に物音がしたため見てみると捨て子があった。しかし乳もなく、老年の母が一人いては養育も出来ないため、夫婦で相談の上、藤吉方に捨てることにした。藤吉方では五、六日前に出産したものの、生まれた子どもは亡くなり乳はたくさんある。藤吉方に捨てれば、乳に不自由せずに養育して貰えると、ふと心得違いをして捨ててしまったという。

夫婦相談の上

利左衛門は厳しいお叱りを受け手鎖《てぐさり》村預《あずかり》、丈左衛門は、入牢の上、所払いになるはずだったが、年が若いため、格別の御憐憫を持って「押し込め」（追込《おいこめ》とも書く。刑罰の一つ。一定の部屋や建物などに入れて他出を禁ずること）を申し付けられている。百姓の身分も考えず自分の厄介を人に押し付ける薄情者というのが、処罰の理由である。なお、藤吉は今日を凌ぎかねるほどの大変な難渋者のため米一俵が与えられ、捨て子を大切に養育するよう、村でも気をつけるよう大庄屋に申し渡されている。

捨て子の親である利左衛門は手鎖村預。それに対し、捨て子を自分の家で養育せずに押し付けた丈左衛門は、本来なら「入牢の上所払い」と、より罪が重い。

利左衛門の居村の南葉多村は嘉永四年（一八五一）の家数三八、人口一五六人、丈左衛門の居村の久保木村は明治一四年（一八八一）の戸数一〇五、人口四九七人。どちらも小さな村であり、南葉多村と久保木村は五キロほどの距離である。その小さな村の間で捨て子が行われたのである。それは、自分の家の前に捨てられた捨て子は、その家で養育しなければならないというのが、藩の捨て子養育のあり方であり、他方人々の間にも、捨て子は養育しなければならないものという意識が浸透していたことによると三木は指摘する。

この事例を男と女の関係に注目して見直してみると、さらにいくつかの興味深い事柄が浮かびあがってくる。利左衛門は、捨てられた子どもは妻として貰い受ける前に孕《はら》まれた子どもであり、父親が自分ではないことに気づいていたようだ。村方には、生まれたが「相果てた」、死んだと届け出ている。利左衛門がとったこの行為は、望まれない子どもの場合は、出生したとしても、その出生が隠蔽された可能性をうかがわせる。

利左衛門は、捨て子の理由は、子どもが大勢おり、しかも妻は出産後乳も少ない上に病気がちで、とても養育できないことにあったと述べている。後妻として妻を迎え入れたのも、この大勢の子どもたちの養育のためだったのだろう。また赤子を育てるために乳は不可欠であった。他方、捨てられた丈左衛門のほうはといえば、乳がない上、老年の母が一人いるため、乳がたくさんある藤吉方に捨てている。乳がないことは捨て子の大きな理由であった。

注目したいことは、利左衛門も丈左衛門も「夫婦相談の上」捨て子をしている点である。捨て子の選択は、「家」を営む夫婦にとって、男のみ、女のみの判断に委ねられる問題ではなかった。ただ、相談の上、久保木村に捨てにいったのが、利左衛門、それとも久保木村の地理に詳しい利左衛門の妻のどちらなのか、あるいは夫婦で捨てにいったのか、文面からは定かではない。もっとも二度めに妻が捨てた理由は、妻鹿が述べるように、妻が自らの性交渉の責任をとろうとしたことに求められるかもしれない。

明らかなことは、捨て子は夫婦で相談のうえの選択であったこと、二度目に捨てたのは妻であっても、処罰をされたのは、男の家長である利左衛門と丈左衛門であり、妻たちは罪に問われていないことである。また利左衛門の場合は「村預」、藤吉の場合は、大切に養育するよう村でも気をつけるよう申し付けるなど、村の責任が問われている。捨て子は「家」の問題であると同時に共同体である村の問題でもあった。

次に、岡山藩、津山藩の捨てた女、捨てた男の処罰事例を取り上げ、なぜ捨てたのか、捨てた結果どうなったのか、みていくことにしたい。

処罰事例にみる女と男

捨てる女――はなとせん

処罰を受けた事例のなかでも早い時期の二つの事例からみていこう。どちらも女が捨てた事例である。享保一七年（一七三二）、御野《みの》郡上伊福《かみいふく》村別《べつ》所《しょ》（岡山市伊福町一丁目）の三介の後家娘はなは、二歳になる娘を上道《じょうどう》郡沖新田《おきしんでん》東之内五番（岡山市沖新田）に捨てている。はなが捨て子をした理由は、乳持《ちちも》ち（乳母）奉公によって老母を養わなければ生活が出来ないことにあった。はなの夫の名は記されていないから、おそらくはなは未婚の母だったのだろう。

はなの家のある上伊福村から娘が捨てられた沖新田までは直線距離にして約六・九キロ。捨て子の場所としてなぜここが選ばれたのかはわからない。しかし六・九キロというのは子ども連れでも、歩いて二時間はかからない距離である。近世の生活圏の範囲について速水融は、濃尾地方の西条村《にしじょう》の近世後期九七年間（安永二年〈一七七三〉から明治二年〈一八六九〉）の宗門改帳の分析結果をもとに、次のように指摘している（『歴史人口学で見た日本』）。

農村への奉公の場合は、西条村を中心として半径八キロ以内のところが圧倒的に多く、九割以上が行っている。当たり前といえば当たり前で、八キロというと歩いていって二時間程度、これくらいが当時の人々が色々な行動をする、一種の生活圏とでもいうべき範囲だった。

速水の指摘に学ぶなら、沖新田は、はなにとって生活圏の範囲内にある。乳持ち奉公をしていたはなにとって、半径八キロ以内の沖新田は、奉公先に行くのとそう変わらない生活圏内の距離にあった。

はなは乳持ち奉公によって老母を養うために、当時の遅い離乳時期からすればまだ乳を必要とする数え年二歳の幼い娘を捨てたのである。その背景には、乳が商品となる、そして子どもを育てるよりも、老母を養うほうが重視される当時の状況があった。

翌年、はなは長屋入り（長屋式牢舎に拘禁されること）の後、村から追放されている。他方、捨てられた娘を預かって二六日間育てていた沖新田五番の彦四郎《ひこしろう》には米一斗三升、この捨て子を養女にしたいと願い出た益野《ますの》村（岡山市益野町）の利右衛門《りえもん》には、一日五合ずつの計算で米三俵が与えられた。

もう一つは、寛延二年（一七四九）、上道《じょうどう》郡門田《かどた》村の玉井宮《たまいぐう》（岡山市東山一丁目）の下に、四、五歳になる女の子が捨てられていた事件である。この捨て子は村方で養育していたが、御野郡辰巳《たつみ》村（岡山市辰巳）のせんの娘いちであることが判明する。捨てた親が発覚したきっかけは、すでに四、五歳になるいちが自ら名のったことによるのだろうか。

せんの居村である辰巳村から玉井宮までは直線距離にして五・六キロ。この場所がなぜ選ばれたのかも不明である。ただ、はな、せんのどちらも、村から八キロの生活圏内に捨てていること、また自分の村から旭川を越える橋を渡って捨てに行っている点が眼を惹く。旭川は岡山の三大河川の一つであるが、民俗学によれば、「橋の下あるいは川岸で拾われた子どもというのは、民俗学的にはごく自然なモチーフ」で、川や橋は、「空間を区切る境界」にあたる（宮田）。

岡山藩の『藩法集』に記された記録によれば、せんは、田畑も持たず、「人仕事」（人から頼まれてする賃仕事）などを、方々に雇われて四、五日ほどずつすることで暮らしを立てていた。しかし、娘を連れていては働くことが難しくなったためか、娘を捨てて行方をくらましたのだった。

せんの事例について、妻鹿は「このような状況に置かれた独り身の女性にとって、その日の糧を得るために働かねば生きていかれないとき、子どもがいては日雇仕事も出来ず、母子ともに飢え死にする以外に道はなかったと思われる。こうした境遇の女性にとって子の存在は致命傷であった」と述べている。

確かに、他人に雇われて働くうえで、「子の存在は致命傷」となる。しかしともかくもせんは、いちが四、五歳になるまで、幼い子をかかえながらも何とか母と子で生きてきたのである。家族のライフサイクル上の危機はむしろ、子どもが乳飲み子で何かと手のかかる三歳までの時期にある。が、せんはこの時期を乗り切ってきたのであった。

しかも乳飲み子ならともかく、言葉も話せる四、五歳になる子どもを捨てることは、親の素性がわかってしまう危険を伴う。それでもなお、せんは子どもを置き捨てにした。それは、働く上で足手まといとなる子どもを捨てたという以上に、母子ともに生き延びるための捨て子という色彩が色濃い。

はなの娘の場合は、捨てられた村である沖新田で世話をし、「養娘《やしないご》」に貰い受けたのも沖新田の者である。しかし、せんの娘いちを引き受け養育したのは、捨てられた門田村ではなく、せんの居村、辰巳村の仁助である。仁助には、はなの娘を養女にしたいと願い出た益野村の利右衛門と同じく米三俵が与えられた。

一人で産み育てる女たち

せんの組合判頭、名主、五人組頭は、せんの行方を知らないのは不注意であるというのでお叱りとなり、せんの行方を探し出すよう命じられている。捨て子の罪は、村共同体の罪でもあった。

はな、せんともに、後ろ盾となる家長はいない。夫の名前も不明である。二人とも、未婚の母だったのだろうか。二人はいわば不完全家族の女性たちであり、自らの力で生計を立て、子どもを、そして老いた親も養っていかなければならない身であった。

妻鹿によれば、一九世紀前期の文化文政期、若者連中たちの性的対象として標的にされていたのは、家長が不在の家や、いても不在がちな家、新入りの者の家、村での劣位の家など、村人としては一人前に遇されていない、肩身の狭い差別されている家の娘たちであった。しかし妻鹿は、こうした不完全家族の奉公経験を持つ女性たちが、若者連中に対して自己の意志を述べることができるほどに成長している点にも注目している。「家」によって守られない女性たちは、自らの力で生きる力を獲得せねばならなかった。

はな、せんの事例は、それよりもかなり早い一八世紀半ばの事例である。しかし、二人の妊娠、出産、そして一人で子どもを産み育てている背景にもそうした村のなかの男と女の関係があったといえよう。二つの捨て子事件からは、女一人で子どもを抱えて乳持ち奉公や賃仕事によって自らの生計をたてねばならない不完全家族の女性たちが抱え込んだ矛盾が浮き彫りとなる。

また捨てられた子どもたちが、生後すぐにではなく、数え年で、一歳から四、五歳になるまで育てた上で捨てられていることは、それまでの彼女たちの苦闘を物語る。最初から育てる意思がなかったというよりは、育てる意思はあったものの、生活の困難のなかで育てきれなくなったあげくの捨て子だったと思われる。その意味では、彼女たちのとった捨て子という選択は、自らが生きていかなければならないという外的条件に迫られてなされた選択であった。

しかし注目したいことは、せんとはなは、「家」に閉ざされた女性ではなく、乳持ち奉公や「人仕事」をして働く女性であった点である。彼女たちは、子どもを自らの生活圏であると同時に川を越えた場所に捨てたのであった。その意味では捨て子という彼女たちの選択が、やむを得ざる選択であったと同時に、働いて生計を立てる日常生活や行動範囲のなかで自ら選び取った行為でもあったことに目を向けておきたい。

次に男が捨てた処罰例をみてみることにしよう。

捨てる男―小三郎、寅三郎

宝暦七年（一七五七）四月、上道郡《じょうどう》富埼村《とみさき》（岡山市富埼）の小三郎《こさぶろう》が、三歳の娘を長船村《おさふね》（瀬戸内市長船町）に捨てた（『藩法集』）。小三郎の居村である富埼村から長船村までは約七キロ。その間には、やはり岡山の三大河川の一つである吉井川が流れている。

小三郎は、一年五ヵ月の長屋入りとなり、翌年八月に村に戻ることを許されている。長屋入りの後、村から追放されたはなに比べると、ゆるい処罰である。しかし罰せられたのは小三郎だけではなかった。

小三郎の「家内」（家族）は「村追込《おいこめ》二十日」、大庄屋は「指扣《さしひかえ》（謹慎）申出日数十五日」、名主の孫三郎は捨て子の件を知りながら、申し出をしなかったので、名主としての役割を三〇日取り上げ「追込」（様子存じ乍《ながら》申し出さずに付き役儀取上三十日追込）、五人組頭の又三郎も五人組頭としての役割を取り上げた上で「追込」となっている。小三郎の家族も村役人層も罪に問われ、しかも村役人層の罪は、その「役儀」を取り上げるというものであった。村としての責任を問われたのである。

この捨て子事件には、同じ村の徳次郎《とくじろう》も関与していた。徳次郎は、宗門改めの際に、自分の娘を身代わりに貸した（宗門改之節、自分娘人替りに貸し候）のであった。そのため、二〇日の「追込」の罪となっている。宗門改めが行われるのは二月だから、その二ヵ月後に小三郎は処罰されたことになる。捨て子の隠蔽に共同体が関わっていたことは見逃せない事実である。そのため、処罰も村ぐるみでなされたのであった。

時代が一〇〇年ほど下った嘉永六年（一八五三）、岡山城下、滝本町《たきもとちょう》の児島屋槌之助《こじまやつちのすけ》（五二歳）の息子、寅三郎《とらさぶろう》（二四歳）が出生直後の女の赤子を捨てた。事件の顛末は次のようなものである。寅三郎は親に内緒で、倉敷生まれの女性と関係を持っていた。ところがこの女性が女の子を産んだため、困った寅三郎は、六月八日、出生直後の赤子を東中島《ひがしなかじま》町《ちょう》吉屋岩吉方の出店戸口に捨てたのである。

捨て子は、岩吉方で取り上げ養育をしていたが、その後、捨てたのは寅三郎であることが露見する。七月には、寅三郎の父親の槌之助が、自分の孫なので引き取り養育したいとの願いを惣年寄に出し、八月には役人立会いのもとに、女の子を引き取っている。六月八日生まれの女の子は、祖父に引き取られた八月には生後二ヵ月になろうとしていた。

寅三郎は八月二一日、長屋入りの処罰を申し付けられている。また寅三郎に頼まれ、備中倉敷生まれの女性を、長い間、自分の家においておいた難波町《なにわちょう》の中川屋庄吉の後家も、よそ者を置いておくことは法に背くという理由で、叱り追込の処罰を申し付けられている。庄吉の後家はおそらく、この女性の内緒の出産にも立ち会っていた。

捨てた男、寅三郎の家のある滝本町（岡山市富田町一丁目）から女性をかくまった庄吉の後家の家のある難波町（岡山市弓之町・富田町二丁目）までは、眼と鼻の先。また難波町から赤子が捨てられた東中島町（岡山市東中島町）までは約二キロと近い。しかしその間には旭川が流れている。寅三郎も、はな、せん、そして小三郎と同じように、川を越え橋を渡って捨てたのであった。

この事件は、私たちに幾つかのことを教えてくれる。一つは、出生直後の捨て子は、生まれることが望まれない非嫡出の子どもであった可能性が高いことである。寅三郎は、赤子を捨てることで自らの不始末を隠蔽しようとしたのであった。

出生直後の赤子を捨てる行為が、女との合意の上のものかどうかはわからない。ただ非嫡出の子どもの場合には、ひそかに出産し、すぐさま捨てることで、事態の隠蔽が図られたことを物語る。

二つには寅三郎が赤子を捨てた幕末、嘉永期の岡山城下では、殺すよりは捨てる選択がなされるようになっていたのではないかという点である。事態の隠蔽を図るには、赤子の命を奪う間引き、あるいは妊娠中の胎児を中絶する堕胎という方法もある。しかしこの赤子は間引かれることなく捨てられたのであった。

次に取り上げるのは、男が捨てた二つの事例である。どちらも津山城下の出来事である。

脆い家族

善助とたみ

男が捨てた例の一つは津山の『町奉行日記』に記された、播州佐用《さよう》（兵庫県佐用町）の西条屋善助《ぜんすけ》が、三歳になる息子を捨てた事例である。捨て子の届出があったのは、天保八年（一八三七）三月四日のことである。津山城下の京町《きょうまち》年寄から、三月三日夜五つ半時分（午後九時ごろ）、町内の秋田屋久蔵の門口《かどぐち》に三歳ばかりの男の子が捨てられていたとの届出があった。

京町の秋田屋久蔵は、有徳《うとく》（徳があり豊かな人）の者として知られる人物であった。久蔵は、天保八年（一八三七）一二月一八日、非人躰《ひにんてい》の子どもたちが毎日多人数町へやってきて物乞いをし、夜は雨露にうたれて不憫だというので、町内の有徳の者たちと相談し、河原に小屋掛けをして、この子どもたちが夜露を凌げるようにし、また少しの扶持米を与えるよう町奉行に願い出ている。男の子は、助けてくれることが期待できる人物の門口に捨てられていたのである。また秋田屋のある京町は、津山城下の中心部、内町にあり、出雲街道に面していた。

翌三月四日、京町の商人、今出屋半兵衛《いまでやはんべえ》とともに町奉行所までやってきたのは善助の妻、たみ、捨て子の母である。たみの証言によれば、たみの夫、善助が津山へ銀札の両替に行くといって佐用を発ったのは二月三日。ところが善助はそれきり戻ってこなかった。そのため、たみは倅の政吉《まさきち》を連れ津山までやってきたのであった。たみと政吉が津山に到着したのは、善助が家を出てから約一ヵ月後の三月二日のことである。その日たみと政吉は、津山城下の勝間田町《かつまだまち》、英田屋瀬蔵《あいだやせぞう》方に一泊し、翌三月三日、夫の善助を尋ね、昼ごろ、袋町《ふくろまち》（図9参照）で善助と会っている。

ところが、善助と話し合っているうち喧嘩となり、政吉を善助にわたして別れてきてしまったのであった。が、やはり子どものことが気がかりで、その夜、善助に会いに行く。すると、善助が言うには、今、京町の秋田屋の門口に政吉を捨ててきたという。それを聞いたたみは、早速秋田屋を尋ね、その夜は秋田屋久蔵の家に一泊している。そして翌三月四日、子どもを引き取りたいと願い出るため、今出屋半兵衛とともに町奉行所までやってきたのであった。この日、たみは、政吉を連れ帰っている。

播州作用から津山までは四〇・四キロ。今なら、JR姫新《きしん》線で六駅、ちょうど一時間の距離である。佐用から津山までは出雲街道が通じていた（図14）。徒歩なら、およそ一〇時間の距離である。その長い道のりをたみは、おそらくは一ヵ月近い夫の不在に耐えかねて、三歳の幼い息子を連れやってきたのであった。

しかし夫と喧嘩をしたあげく、政吉を善助に押し付けて帰ってきてしまう。そこには、一ヵ月も音信不通だった夫への不満や、幼い息子を抱えた生活の困難や不安、そのなかでつもり積もったさまざまな鬱屈した思いがあったのだろう。夫に政吉を押し付けて帰ってきてしまったものの、子どものことが気がかりで「うろ〳〵」していた（どうしたらよいかわからず、そわそわと落ち着かなかった）とたみは町奉行所で申し立てている。袋町で夫と喧嘩別れしたものの、夜には再び善助に会いに行き、子どもを捨てたと聞いて、すぐさま秋田屋を尋ねたたみの行動は、その言葉を裏づける。

一方、夫の善助のほうは、一ヵ月も家を留守にしたあげく、長い不在に耐えかねて尋ねてきた妻と喧嘩をし、あろうことか、その夜には幼い息子を捨てている。善助はたみに対

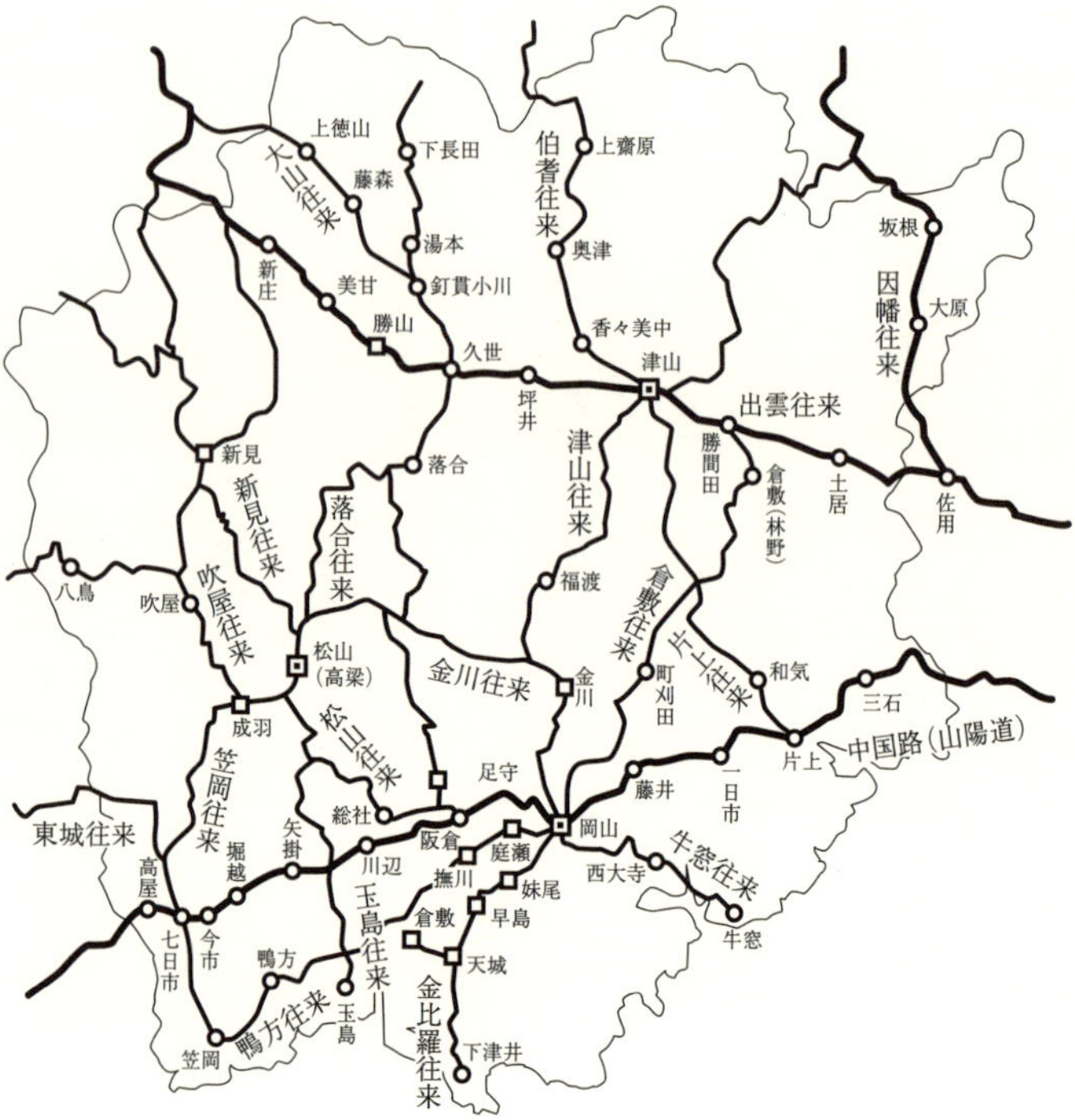

図14　岡山地域の近世交通路（岡山大学附属図書館編，池田家文庫絵図展『陸の道』2007年，『岡山県の歴史』より作成）

し「たったいま京町の秋田屋門口へ捨ててきた」（只今、京町秋田屋門口江捨候）と言っているから、明らかに「捨てる」という意識で政吉を秋田屋久蔵の門口に置いたのだろう。子どもに対する母親と父親の感情の違いがうかがえる。もっとも善助も何の見境もなく捨てたわけではない。拾って世話をしてくれそうな秋田屋を選び捨てている。

しかしその後、善助が捨て子の罪で罰せられたという記録は『町奉行日記』には残されていない。また、たみと善助の夫婦がその後どうなったのか、善助は佐用に帰ったのかどうかもわからない。ただ一つ確かなことは、たみが夫を尋ねて子連れで津山までやってきた理由は、女手一つで生活することの困難にあったということだ。

夫婦と子どもだけで構成される家族の場合、夫婦のどちらか、とりわけ家長である夫が欠けた場合、家族が生活できなくなる可能性は大きい。善助とたみの事例は、捨て子が生み出される背景に、夫婦と子どもだけで構成される家族の脆さがあったことを物語る。

捨て子の背景には、人々の生活難、子どもを育てることと働くことの矛盾など、さまざまな問題が絡み合っていた。その一つに、鳩助の場合でみたような、夫婦の離婚という問題があった。

次に、夫婦の離婚によって生じた捨て子についてみていくことにしよう。

夫婦わかれをした夫右衛門

善助が政吉を捨てた年の翌年、天保九年（一八三八）一月一一日、東新《ひがししん》町《まち》の表土手に、生まれてから五、六〇日ばかりになる病気の赤子が捨てられていた。この捨て子事件の経過は『町奉行日記』と『郡代日記』に記されている。

捨て子発見の後、町奉行所は、乳を与えるものを探し出し大切に養育するよう申し渡している。翌日の一月一二日には、西北条郡下田邑村《しもたのむらむら》（津山市下田邑）の夫右衛門《ぶえもん》という者が町奉行所を訪ねている。下田邑村は、同じ天保九年の津山藩領郡村記録によれば、八九戸、三六五人の村である（『岡山県の地名』）。

夫右衛門が言うには、一月八日に「夫婦分れ」をし、妻は赤子を連れて出て行ったという。夫右衛門は、捨てられていた赤子は、自分の子ではないか、別れた妻が赤子を捨てどこかへ行ったのではないかと、町奉行所を尋ねてきたのである。

夫右衛門に赤子を見せたところ、確かに自分の子だという。が、極貧らしく、すぐに子どもを連れ帰るとも言わない。そこに町奉行所から知らせを受けて村役人がやってきた。村役人が夫右衛門に糺したところ、自分の子どもに違いないので、村へ連れ帰りたいという。そこで郡代は村役人に、赤子を引き取るよう申し付けている。

離縁された妻が赤子を捨てた東新町は、津山城下の東のはずれ、出雲街道に面した町である。下田邑村からだと約五キロになる。下田邑村からやってきた夫右衛門の妻は、出雲街道を少し津山城下に入ったところで、赤子を捨てたのであった。八日に「夫婦分れ」をしてから三日目のことである。

妻は、まだ産後一ヵ月半から二ヵ月しか経っていない。産後、それほど日がたっていない身体で赤子を貰い受け家を出たものの、生後間もない乳飲み子が病気になってしまう。そうした状況のなかで、いったんは夫から貰い受けた赤子を捨てたのであった。生存もおぼつかない病気の赤子を、しかも人の家の門先ではなく土手の上に捨てるという行為は、途方にくれた女性の心情を映し出す。

では離縁した妻に赤子を与えた夫の夫右衛門はといえば、自分の子ではないかと町奉行所までやってきて、確かに実子だと確認したにもかかわらず、すぐに連れ帰るとは言えないでいる。村からやってきた村役人に糺されて初めて、赤子を連れ帰りたいという自分の意思を述べている。そこには、極貧で、しかも妻を離縁し乳がないなかで赤子を育てることへの夫右衛門の戸惑いを見て取ることができる。

捨てた男、善助は他国から、また捨てた女、夫右衛門の妻は、農村から津山城下にやってきた。都市は、貧しい人々や農村を追われた人々など、社会の周縁に生きる人々が集まる場でもあった。捨て子は、そうした人々によってなされている。

脆い絆

捨てた女、せんとはな、捨てた男、寅三郎、善助、夫右衛門の事例が示すのは、未婚の母、家族を構成できない男と女、あるいは夫婦と子どもだけで構成される家族のどちらかが離別そのほかの事情で欠けた場合の家族の脆さである。また捨て子の背景に生活の窮乏があることも間違いない。が、だからといって生活が困窮すれば捨てたというほど単純なものでもない。

非嫡出の子どもを隠蔽しようとした寅三郎、そして出生後間もない新生児を捨てた夫右衛門の妻を除けば、はなの娘は二歳、せんの娘いちは四、五歳、他人の娘を借りることで宗門改めをごまかそうとした小三郎の娘、善助とたみの息子の政吉は三歳になっている。しかも夫右衛門の妻も、夫右衛門から赤子を貰い受けて家を出ているのであり、最初から捨てるつもりだったわけではない。

寅三郎の場合を除けば、最初から育てる意思がなかったというよりは、育てる意思はありながら、生活の困難や家族の絆の脆さのなかで、やむなく捨てるに至ったと考えられる。親の側に育てる意思がなければ、おそらくはもっと幼い年齢で捨てられていたことだろう。しかし、そうした弱い立場の者たちを支える村や町の共同体の機能はといえば、江戸時代の末には脆弱になりつつあった。

天保九年（一八三八）、津高郡《つだかぐん》（岡山市）の孤児や貧困家族の子ども一一人への養育料支給を津高郡栗井谷村《あわいだにむら》（吉備中央町）の大庄屋が藩に願い出、年間麦三俵の養育料が支給された。しかし、親戚もなく村方で養育することとなった孤児の場合、村人の家に一日おきにまわされ厄介者扱いにされている（『藩法集』）。この事例について妻鹿は、「農民層分解が浸透している近世後半には、極貧層の増加により村落共同体自体の相互扶助機能はきわめて低下していたと考えられる」と指摘している。

同じ天保期の津山藩でも同様の事態が進行していた。共同体の相互扶助による捨て子養育が困難となるなか、藩主の諮問にもとづいて町奉行から育子院の構想が出されている。次の「捨て子から棄児へ」では、そのことにふれたい。

捨て子から棄児へ

江戸の「赤ちゃんポスト」

捨て子の背景

捨て子の背景に生活の窮乏があることは間違いない。が、だからといって生活が困窮すれば捨て子をしたというほど単純なものでもない。そのことは、今まで述べてきたことからも明らかである。

アンシャン・レジーム期のパリの捨て子について分析した二宮宏之は、「生活の窮乏」と「捨児」の「この二つのファクターの間には、両者をつなぐものとして、社会的絆の問題」があると指摘している（「七千人の捨児」）。「家の絆が強固であり、村にせよ町にせよ、共同体的つながりが強力に生きているならば、ある夫婦の苦渋は、全体が包み込む形で乗り切ることが出来る」というのである。

本書で取り上げた捨て子たちの事例の多くも、家族の絆の脆さを示す。捨てる親たちの多くは、農村から都市に流入した「日用《ひよう》（傭）取《とり》」や未婚、あるいは奉公稼ぎの女子など、家族を形成できない人々ではない。むしろ家族を形成したものの維持できない下層民の家族であった。育てる意思はあっても、生活の困難や夫婦別れ、両親のどちらかの病気や死などによってもたらされた家族の危機のなかでやむなく捨てるに至った事例が多くみられる。

太田素子は、「近世初頭の捨て子が、小家族のもろさから、守られざる子どもたちが出現してきたものだとすれば、幕末の捨て子は再び農村に小家族のもろさが露呈して来たこと、ないしは階層間格差が広がって養育可能な大経営と崩壊家族が生まれたこと」そして「家崩壊の一方で、子どもの生命《いのち》の尊厳に対する感覚は、近代的・現世的なニュアンスを強めており、捨子養育の仕組みを生み出していた」のではないかと指摘する（『子宝と子返し』）。

確かに江戸後期には子どもの生命に対する感覚が強まっていた。そのことは、文久元年（一八六一）生後二ヵ月で捨てられた米吉に添えられた親の手紙の言葉――「人命の助」をお願いしたい（人命の助一入《ひとしお》願い上げ奉りたく）――からも読みとれる。

捨て子の背景には、子どもの命を守る家族の絆の脆さ、その一方での子どもの生命を重視する感覚が存在していた。そのことを象徴的に示すのが、捨て子たちの年齢である。捨て子たちは生後すぐではなく、何ヵ月かたって捨てられている場合が多い。たとえば享和元年（一八〇二）四月から万延元年（一八六〇）八月までの岡山城下の捨て子七七人のうち、生後一ヵ月未満の新生児は一七人、それに対し生後一ヵ月以後一年未満の乳児は四三人を数える。新生児よりも生後一ヵ月を過ぎて捨てられる捨て子のほうがはるかに多い。天保飢饉下の津山城下の捨て子の場合は、平常年ではなく飢饉の時期ということもあって、天保六年（一八三五）七月から天保一二年（一八四一）一二月までの五四人の捨て子のうち新生児は三人のみである。飢饉による生活難によって、それまで育てていた子どもを捨てざるを得なくなったことがうかがえる。

親の側に最初から育てる意思がなければ、また赤子の生存を願わないのであれば、もっと早い時期に捨てられていただろう。江戸後期の捨て子は、自立しはじめたとはいえ脆い家族、そして子どもの生命への意識の強まりのもとで生み出された行為であった。他方、村や町に責任を負わせるだけでは、捨て子養育がうまく機能しない状況も現れはじめていた。

フランスにおいて「捨児の急増がみられた一八世紀という時代」は、「伝統的な共同体の絆が弛緩し、しかもそれに代わる新しい市民的共同性がなお形成されるに到らない、狭間《はざま》の時代」であった。「捨児院の回転箱に生みの子供を委ね」た人々は「自らの手に余ることになった存在を、より高次の、より広大な共同体の手に委ねる想いだったのではあるまいか」。そう二宮は指摘している。

津山藩の育子院構想

天保期の津山藩でも、フランスの「捨児院の回転箱」にあたる「引出附の簞笥《たんす》の如き箱を附置」き、親たちが「夜分窃《ひそか》に其箱へ入置」き捨て子できるような育子院《いくしいん》の構想が出されている。この構想は天保二年（一八三一）一一月に津山藩主となった松平斉民《まつだいらなりたみ》の諮問による。斉民は、堕胎・間引き禁止政策の一つとして「西洋書」でみた「魯西亜《ロシア》の育子院」のようなものができるか（魯西亜の育子院我美作にもおこなはるへきや）と諮問したのであった。

松平斉民には、前藩主が行った、人々に養育料を与えたり、堕胎をしたものを厳しく吟味したり、妊娠から臨月にいたるまで年寄・組合が立ち会って月調べをしたりといった懐胎・出産取り締まりが、堕胎・間引き防止に功を奏していないとの認識があった。

町奉行の馬場簡斎《かんさい》が提出した育子院の構想は、簡斎の回顧録『老人伝聞録』附録の「育子院町奉行仰せ付けられ候事」に記されている。それは次のようなものである。

育子院の中央に役人が仕事をする部屋が数部屋、それに連続する小部屋が二つ、四方に往来の路を通し、路の両側に四畳敷位の小間を一つずつ、壁あるいは板囲閑《へだて》を し、小部屋ごとに乳母を一人か二人（一両人）置き、また間には七、八畳敷位の部屋がある。これは小児に歯が生えたならば乳を止め、飲食で育てる七、八人の子どもを老婆二人に世話させるためである。いつ乳をやめるかは蘭方医に相談する。院の外には外面から引出附の簞笥のような箱を付けて置き、捨て子をするものが夜分ひそかに、その箱へ入れて置いたのを引上げ、乳母へ渡し養育させ、部屋ごとに何年何月何日から養育している旨掲榜《かけふだ》をしておけば、子を捨てた親たちも、その子が次第に成長するのを悦び、その都度、育子院を訪れて見物するだろう。成長するにつれて男子は小用（ちょっとした用事）などを申しつけ、女子は子守などをさせれば、一人で食べていけるくらいの稼ぎはするものである。誰でも貰いたいものがあれば遣わし、貰うものがいないものは大部屋を造りそのなかにいれ、それぞれ望みの職で稼がせ、おいおい結婚させて町や村に自由に稼ぎに行くよう申し付ける。

フランスの場合は「回転箱」に捨て子を捨てる。「入り口脇の壁にとりつけられたこの箱は、こちら側から子供を入れて、ぐるりと廻してやると、内側から修道女がそれを引き取る仕組みとなっており、箱の脇には、合図をする呼び紐が設けられていたから、顔を見られずに子供を委ねることができた」（二宮）という。イタリアのインノチェンティ捨児養育院では、婚外子の親、特に母親の匿名性を保障するために、二本の柵で仕切られた子どもを受け入れるための小窓「ルオータ」が設置された（高橋）。

中国の捨て子施設「育嬰堂《いくえいどう》」の場合は、「転斗」という回転扉が壁に設けられており、「ここに入れると嬰児を捨てる者が顔を見られなくてもよい仕掛けがしてある」（夫馬進『中国善会善堂史研究』）。フランス、イタリア、中国、そして津山、いずれも「顔を見られ」ず捨てることができるという、捨てる親の匿名性《とくめいせい》を保障する仕組みが工夫されている。と同時に、その装置にはそれぞれの国の文化が反映している点が興味深い。

現代の「赤ちゃんポスト」をめぐる議論では、捨てた親の匿名性をいかに守るかということ、他方、捨てられた子どもの側の親を知る権利や自分は誰なのかというアイデンティティをどう保障するかが問題となった。そうした現代に生きる私たちからすると、我が子を捨てた親が、捨てた子どもとの縁を断つことなく育子院で育つ様子を見に来る情景というのは、想像しにくい。困窮などの理由で我が子を捨てたからといって、非難の対象とはならなかったということなのだろうか。

育子院の構想で注目したいのは、養育されるのが、まだ乳を必要とする乳児であったことである。先にも述べたように当時は離乳が遅く、数え年で三、四歳くらいまでは乳を飲んでいた。とはいえ、すでに成長した子どもではなく手のかかる乳児が想定されていたことは、育子院の注目すべき性格と言えよう。それは、捨て子の多くが乳児であることの反映でもあった。

いずれにしても一九世紀半ばの津山藩では、藩主によって、このような構想が出されるほど捨て子は重要な問題になっていた。『老人伝聞録』は、捨て子を貰う側、捨てる側、また捨て子の原因について次のように指摘している。

近年捨子取り揚げ育しもの、家筋宜《よろしき》ものは貰い申さず候えども相応に片付きおり申し候、惻隠《そくいん》の心（かわいそうに思う心）、人皆之有り。天下子愛さざるの人無く、其身困窮して飢餓に迫りしより拠《よんどころ》無く捨て子いたし候なり。

近年、捨て子を貰うのは家筋の良い人々ではないが、何とか貰い手がみつかっている、また捨て子は、育てる意思はありながら、貧窮のためにやむを得ずなされる選択とある。この記述からは、捨て子たちの貰い手は下層の人々であったことがわかる。またやむを得ない選択としての捨て子には許容的な社会であった。

育子院についての藩主による諮問の時期、また箇斎による構想提出の正確な時期は不明である。しかし箇斎の町奉行在職時からすると天保一五年（一八四四）から弘化三年（一八四六）の間と考えられる。この構想は、市中有志の寄付を募る計画であったが、箇斎の転役と資金調達の困難から実現には至らなかった（渡部武『津山城下町』）。

幼院情報の受容

津山藩の育子院の構想は、魯西亜《ロシア》をモデルとしたという。その情報は、どこから得たのだろう。江戸時代の西欧の「幼院」情報の受容を追究した湯川嘉津美は、津山の育子院構想は、その内容の類似性からして、桂川甫周《かつらがわほしゅう》の『北《ほく》槎聞略《さぶんりやく》』（寛政六〈一七九四〉年）や大槻玄沢《おおつきげんたく》の『環海異聞《かんかいいぶん》』（文化四年〈一八〇七〉）の「幼院」情報であった可能性が高いとみている（『日本幼稚園成立史の研究』）。

『北槎聞略』『環海異聞』は、寛政・文化年間にロシア使節たちによって送還されたロシア漂流民、大黒屋光太夫《だいこくやこうだゆう》や津太夫《つだゆう》の見聞をもとに書かれたものである。そこには、公的な権力による「棄児を養育する」施設、「幼院」の情報も含まれていた。津山藩の計画は、この「幼院」の情報をそのままの形で受容したものであった。当時の津山藩では、宇田川《うだがわ》玄随《げんずい》や箕作阮甫《みつくりげんぽ》といった蘭学者が藩医となっており、ロシア情報は、このあたりからももたらされたらしい。

江戸時代にロシアに漂着した大黒屋光太夫たちを描いた井上靖の小説『おろしや国酔夢譚』には、幼院について、光太夫が記す場面が描かれている。井上靖は、『北槎聞略』のなかの「幼院」の記述をほぼ忠実に次のように翻案している。

――幼院は棄児を養育するところ。ペテルブルグに一処。ムスクワに一処あり。四方に三層の連房《ながや》を建て巡らし、房ごとに第一第二の字号を記したる札を掛く。院内に学校および百芸の院あり。児を送り入るるところは高き窓にて、内部に大きなひき出しの如く仕掛けてあり。児を送り入る者、夜陰に及び小児の誕生日を札に記して首に掛けさせ、窓の下にて壁を叩くと、内より引き出し押し来たり、それに小児を入れて、また壁を叩くと、引き出しは内に引き入れられ、小児の替りに銭五百文入ってまた押し出され来る。児の親、その銭を受取りて帰る。児さえ養い難き困窮を憐みての措置也。その親また取り戻し養わんと欲すれば、送り入れたる年月日、誕生日を記し、例の箱に入れれば、それと交換にその児が押し出されてくるという。児成長の暁は学校に入れて手に職をつく。業の成りたる児は帰さざると聞く。

育子院の構想は、再び二宮の言葉を借りるなら、捨て子を「より高次の、より広大な共同体に委ねる」公共性への志向、町や村の共同体による捨て子養育から近代的な慈善事業への移行を示すものなのだろうか。さらに明治初頭の時期に眼を向け、江戸後期の捨て子養育と近代のそれとはどのような関係にあるのか、その連続と非連続について次の「近代国家と『棄児』」で考えてみることにしよう。

近代国家と「棄児」

明治初年の捨て子禁令

明治初年の産育政策は、堕胎・間引き、捨て子に対する取締りと保護から出発する。明治初年の「民俗」と、それらの慣行に対する「禁令」が収録された『府県史料』（『日本庶民生活史料集成二一』）によれば、明治初年の規定のなかに、堕胎・間引きの禁止や、捨て子の救済についての項目のある県は、宮城、秋田、岩手、千葉、埼玉、神奈川、山梨、愛知、京都、兵庫、岡山、宮崎、長崎など、数多くある。たとえば京都府では、明治元年（一八六八）一一月に「棄児の禁を掲示発令」している。にもかかわらず、捨て子をする者は少なくなかった。翌年、町の役人層は、もし「出生の小児」が理由もなくいなくなるようなことがあったら、早速申し出るよう通達を出している。

明治政府は明治四年（一八七一）四月には戸籍法を制定する。すべての国民が、戸主と呼ばれる家長によって総括・支配され、家産を相続・維持する「家」に入ると定められたことは、そこから外れる者たちの存在を浮かび上がらせることとなった。戸籍法では、捨て子は「棄児」とみなされる。

戸籍法の制定とほぼ同時、同じ明治四年の六月、太政官布達《だじようかんふたつ》「棄児養育米給与方」が出される。近代の子どもの保護が「棄児」の保護から始まったこと、またそこでは拾う者の存在をうかがわせる江戸の生類憐み令の「捨子」ではなく「棄児」の名称が用いられた点が興味深い。ちなみに「棄」は、新生児を頭を下にしてチリトリに入れ捨てようとしている形を示し、そこから後に「物を捨てる」ことを表すようになったという（阿辻哲次『漢字の知恵』）。

「棄児」には、一五歳になるまで毎年米七斗（一日あたり二合弱）を給与することが定められた。ただし明治六年（一八七三）には、棄児養育米の給与は暦年齢の一五歳から満年齢の一三歳に変更される（宇都栄子「児童養育保護政策における棄児取り扱いについて―明治二一年〜二七年の先例―」）。

「棄児養育米給与方」の執行にあたったのは戸籍管理のために設置された区・戸長や区務所である。江戸時代には共同体が養育の責任をおっていた「捨子」は、建前上、近代国家によって統一的に管理、扶養される「棄児」となったのである。また、養育料支給期間は、たとえ養子、養女として貰われたとしても戸籍には「棄児」という肩書きを明記することとされた。

もっとも、捨て子をその場所で預かるという江戸時代以来の制度は、近代以降も連続していた。明治政府が明治七年（一八七四）に制定した恤救《じゅっきゅう》規則では「人民相互ノ情宜」が期待され、棄児の町村預かり・里親預かりを継承したのである。東京府も「区内預り」という形で江戸時代以来の制度を継続している。

しかし「区内預り」の棄児たちは、明治一八年（一八八五）九月、暫定的に年齢四歳以上の棄児が、さらに明治一九年（一八八六）四月以降、東京府指令第八千百十二号によって、すべての棄児と迷子が、「東京養育院」で「救護」されることとなる。

養育院の入所対象となったのは、「路傍又は人家の側に棄てられた」棄児、「両親の死亡其の他の原因により取り遺された」遺児、「路頭に迷ひたる」迷児、「但し迷児は一箇月を経過したるときは棄児に編入」された。これらの棄児、遺児、迷児には、その多くは推定年齢で満一三歳まで「棄児養育米」が支給されたのである。

近代初頭の棄児たち

東京都公文書館には『棄児拾揚《ひろいあげ》届』『棄児雑事』の二種類の史料が収められている。明治一五年（一八八二）から一八年（一八八五）の四年間、庶務課扱いで保存されていたものである。この史料群をもとに「区内預り」から「養育院」への移行を、公共権力の創出過程という面から検討したのは平井雄一郎（「『区内預り』から『養育院へ』―『棄児救育』合理化の一局面―」）である。ここでは平井の研究にも学びながら、近代初頭の東京の捨て子の姿に迫ってみたい。

『棄児拾揚届』には、四年間に一五区・六郡で拾われた棄児、二二二人それぞれについて、拾われた日時、届出月日、氏名、遺棄場所、所轄区、捨て子の推定生年月日、乳養及び預け人の住所、多くは拾われた後でつけられた捨て子の氏名、性別、着用衣類及び所持品、人相、身体に異常がないかといった保護時の状況、保護から数日以内に得られた情報などが記録されている。

図15は年度ごとの保護人数、図16は保護時の年齢別を示したものである。性別では、女児八七人（三九・七％）に対し男児一三二人（六〇・二％）と男児が多く捨てられている。また年齢別では生後一ヵ月以内が一八・四％、二ヵ月から六ヵ月が二九・七％、七ヵ月から一

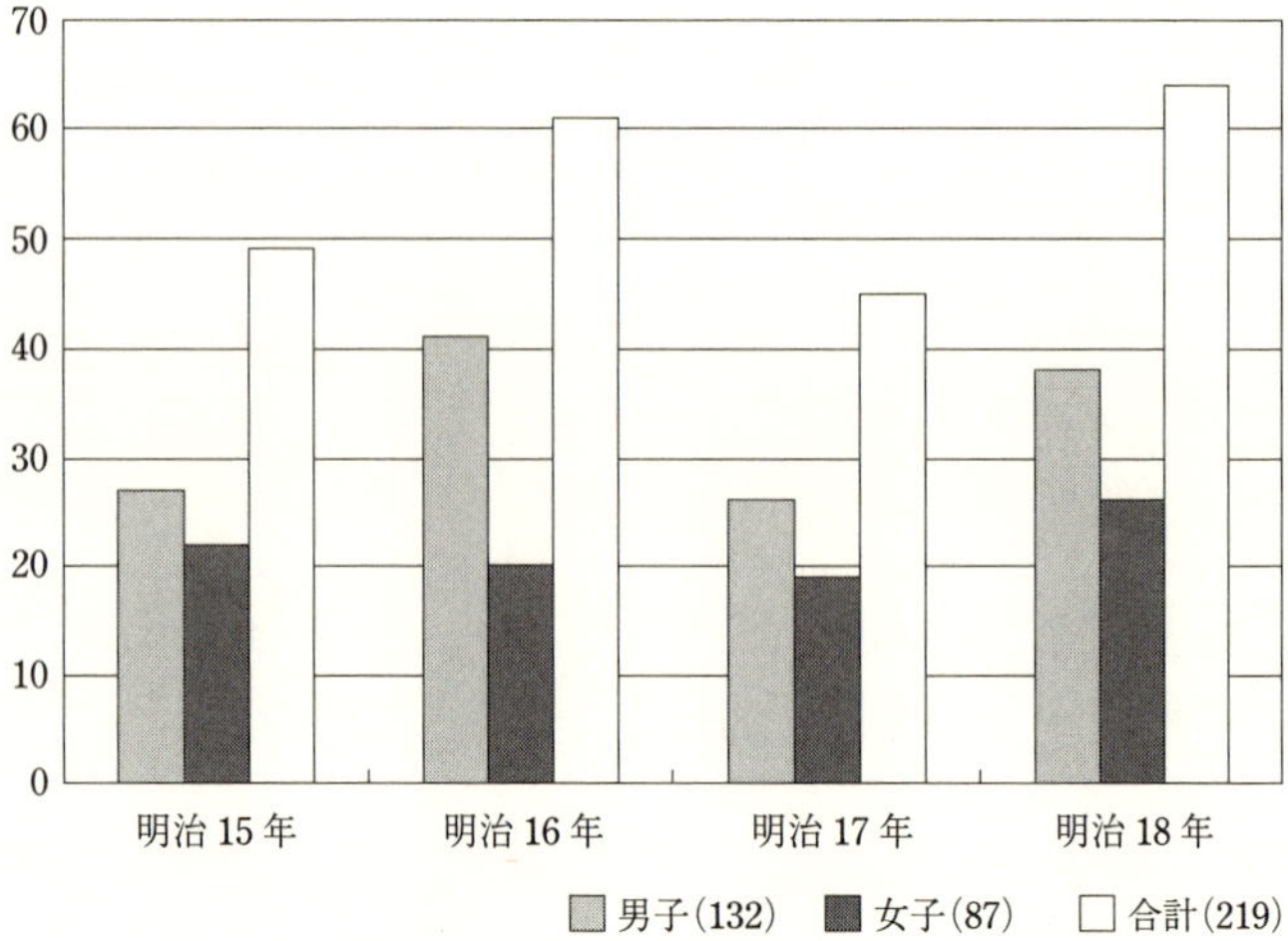

図15　年度ごとの保護人数

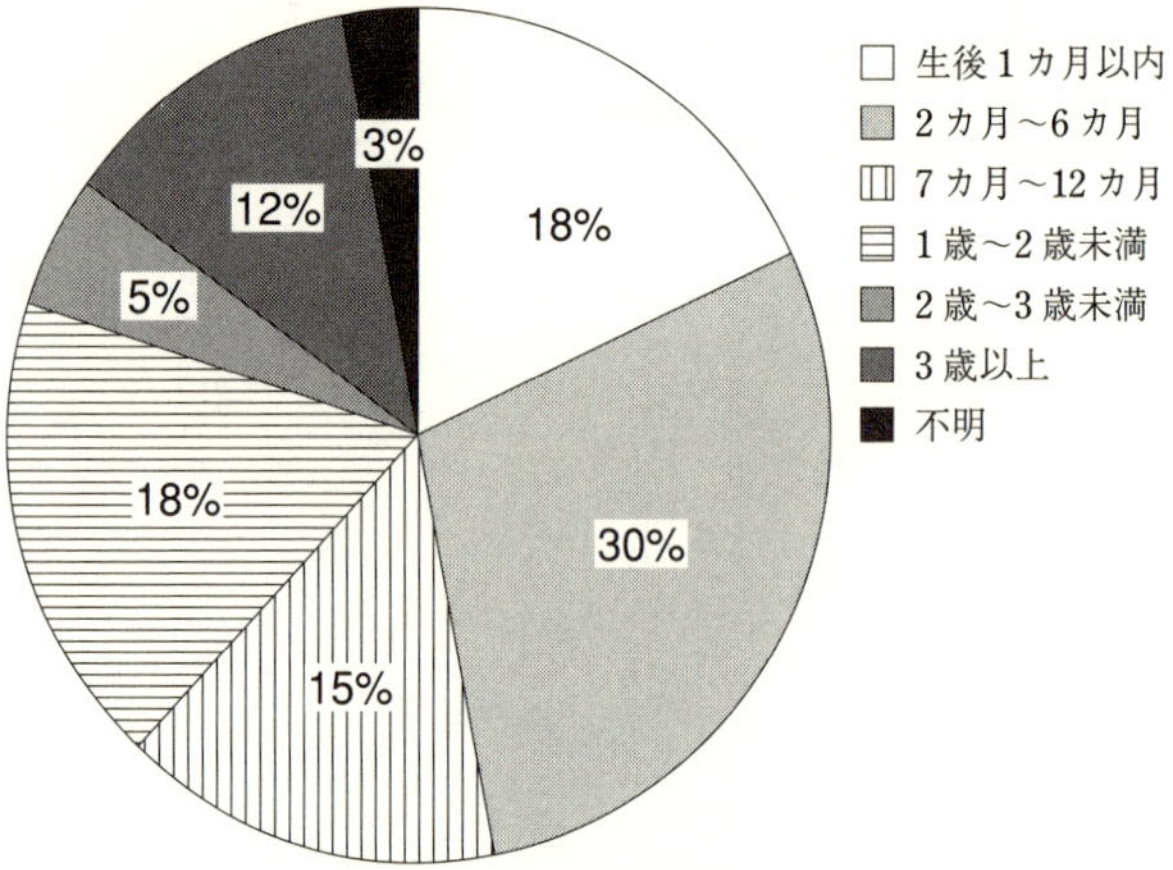

図16　保護時の年齢構成
（ただしパーセントは四捨五入）

二ヵ月が一四・九％と、一歳未満の捨て子が全体の六三％をしめる。これを津山城下の捨て子と比較すると、生後一ヵ月未満の新生児は、津山城下では、全体の五％だったのに対し東京の場合はその三倍強の一八・四％と、新生児の捨て子の割合の多さが眼につく。

明治政府は、いちはやく明治元年（一八六八）正確に言うなら九月八日に明治に改元されてわずか一ヵ月の一〇月二〇日に「産婆ノ売薬世話及堕胎等ノ取締方」を布達し、明治一三年（一八八〇）に堕胎罪を制定している。新生児の捨て子たちは、堕胎・間引きは免れたものの育てられずに捨てられた子どもたちとみることができるのではないだろうか。明治初頭の時期の捨て子と堕胎・間引きの関係は明らかではないが、大正元年（一九一二）の『産婆雑誌』（一四〇号）には、堕胎犯が増加すると「棄児」の数が減少するという興味深い指摘がなされている。

もう一つの史料『棄児雑事』は、養育費支給中の棄児について、養育米、被服費など諸雑費請求、その日付、病気死亡、養子貰い受け、棄児主発覚などを記録したものである。ここには男児で二〇人、女児で二二人の死亡が記録されている。図15にみるように捨てられたのは男子が多い。しかし、死んだのは女子が多い。

これら二つの史料群について平井は、『棄児拾揚届』は、「預け」成立以前の「棄児」記録、『棄児雑事』は「預け」後の「里子」記録と性格づけている。ここでは、二種類の記録のうち、とくに棄児についての情報が豊富な『棄児拾揚届』のなかに、近代初頭の捨て子たちの姿を追ってみることにしたい。

東京の捨て子たち

『棄児拾揚届』

『棄児拾揚届』によれば棄児たちは東京の中心五区にあたる神田、京橋、日本橋、芝、そして下町四区にあたる浅草、本所《ほんじょ》に多く捨てられている。拾い上げられた地区ごとの棄児数は神田区三二人、京橋区三一人、日本橋区二九人、浅草区二七人、芝、本所区一六人である。注目したいことは、神田、京橋、日本橋、芝区はいずれも江戸期に、また浅草、本所は明治期に「細民地区」が発生した地域だという点である（中川清『日本の都市下層』）。

江戸の捨て子たちと比較したときにまず眼を惹《ひ》くのは捨て場所である。明治初頭のこの時期、「巡査屯所前」、「師範学校表門前」「女子師範学校表門前土手下叢中《そうちゅう》」「養育院前」

表6　捨て子の姓名

届出日	姓名	推定年齢	遺棄場所
明治15年1月14日	赤坂新一	1ヵ月	赤坂区新町居宅縁台
〃　1月23日	三代さと	1歳	日本橋区三代町
〃　7月27日	神園靖二	1歳	靖国神社境内茶店
〃　11月8日	並木アサ	1歳	浅草区浅草並木町葉茶渡世店先
〃　11月27日	岩井元吉	3ヵ月	神田区元岩井町
〃　12月16日	横山三次郎	1歳	日本橋横山町店前
〃　12月28日	富田まつ	11ヵ月	神田区富松町
〃　12月21日	北門大助	3歳	下谷区上野北大門町
明治16年1月9日	新家栄吉	2歳	京橋区新栄町往還
〃　3月6日	田町ヤソ	4ヵ月	浅草区浅草田町
〃　3月16日	仲町ヒロ	3,4ヵ月	浅草区浅草東仲町
〃　4月16日	榎本宗三郎	5ヵ月	牛込区牛込榎町宗柏寺門前
〃　5月9日	坂本四郎	100日	下谷区下谷坂本町路地
〃　6月9日	前川クラ	3ヵ月	深川区御船蔵前町
〃　6月11日	和泉ナツ	2ヵ月	神田区和泉町養育院門前
〃　8月27日	大野勇吉	2歳	神田区旅籠町大野勇蔵軒下
〃　11月6日	豊住重七	1歳5,6ヵ月	下谷豊住町

「福田会育児院門前」「福田会育児院玄関」「米国人リイトフ囲内」「天主教会堂居留仏国人スッテル館」「仏国人マチリダ門」など警察、学校、養育院、外国人の居留地といった場所が新たな捨て場所として登場している。

捨て子は拾い上げられた後、命名され、戸籍が作られたが、棄児の本籍地は原則として拾われた場所（町、番地）とされた。そのため、命名も捨てられた地名にちなんでつけられたものが多い。表6に、明治一五、一六年の棄児たちのなかで、捨てられた場所にちなんで命名された棄児たちの姓名を挙げた。

赤坂新町に捨てられた生後一ヵ月の捨て子は赤坂新一、日本橋区三代町の平民、砂糖商、村山金之助《きんのすけ》の家の前に捨てられた一歳の捨て子は三代さと（砂糖にちなんでか？）、靖国神社に捨てられていた捨て子は神園靖二。その命名は、捨てられた場所を示す、いわば記号としてつけられている。その点では、普通の子どもと同じように、また捨て子の幸福を願ってというニュアンスのあった江戸期の捨て子の名づけられ方とは意味合いを異にする。

ただ、その命名が、あからさまに捨て子であることを表示する場合は「不穏当」として変更されることもあった。たとえば、明治一六年一〇月二五日に南豊島郡角筈《つのはず》村、車大工職の家の前に捨てられていた一歳の男の子は、最初五十町捨吉《いそまちすてきち》と命名されたが「不穏当」というので「五十町春吉《はるきち》」と変更されている。

『棄児拾揚届』には、捨て子たちの「着用衣類」、あるいは「顔丸き方、顔長目鼻口常体、下歯弐本生これあり」など「人相」も詳しく記録され、捨て子の肖像は、よりその輪郭を描きやすくなっている。しかし、これら明治初頭の捨て子たちには衣類は添えられているものの、江戸後期の捨て子に添えられていたような象徴的なモノはまったくといって良いほど添えられていない。たとえば初髪と臍の緒が添えられていた捨て子はわずかに一人。明治一六年九月三日、芝区愛宕《あたご》下町に捨てられていた生後二ヵ月の男の子の事例のみである。この子には表に「明治一六年癸《みずのと》未《ひつじ》第七月出生」、裏に「勝太郎《かつたろう》」と記した半紙に包んだ臍の緒と初髪が添えられていた。また書状が添えられた事例も少ない。それは不特定多数の人々が集まる都市、東京のなかでの、捨て子を共同体、世間に託すことができなくなった親たちの心情を示しているのだろうか。

置き捨てにされる子どもたち

『棄児拾揚届』には、遺棄にいたる過程が記された事例もある。それらは、いずれも下町で起きた置き捨ての事例である、そのうちの四件は店、一件は人力車、二件は旅人宿に置き捨てにされている。

その一つ。明治一五年（一八八二）一一月三日、午前六時四〇分頃、浅草区浅草並木町の葉茶渡世、吉田半次郎《はんじろう》の店先に生後満一歳くらいの女の子が置き捨てにされた。置き捨てにしたのは年齢四一、二歳の職人風の男である。男は、茶を買い求めたいといって、女の子を抱いてやってきたが、この子を店先に置き、隣家の瀬戸物店へ買い物をする様子で出て行った。ほどなく、女の子が泣き叫ぶので、雇い人に隣家を尋ねさせたところ、すでに男は行方がわからなくなっていたという。この子は、並木町に、しかも朝捨てられたためか、並木アサと名づけられ、五日後の八日、同じ浅草区の平民、榎本ハルに養育料一ヵ月二円で預けられている。

もう一つは同じく明治一五年一二月二六日、浅草区浅草茶屋町の床見世（出店）、森清三郎の店での置き捨てである。三〇歳位の職人風の男が生後一年六ヵ月の女の子を抱いてやってきた。しかし「喫飯」の後、女の子を店へ置き行方不明となってしまったのである。置き捨てにされた女の子は出店の主人の姓をとったのだろう。森かくと名づけられ、翌二七日、浅草区の平民、東間三次郎《とうまさんじろう》に仮預けとなっている。

三つめは、明治一六年（一八八三）八月一八日、やはり浅草区浅草馬道町でおきた置き捨てである。午後一時頃、年齢三〇歳くらいの女が、浅草公園のなかで出稼ぎで氷水を売っていた田原徳次郎《とくじろう》の店頭にやってきた。ところが氷水を飲み、便所に行くといって、二歳くらいの男の子と風呂敷包みを徳次郎のもとにおいて出て行ったきり、時間がたっても戻ってこない。あちこち探したが見当たらないというので警察署に訴えでている。警察は取り調べの結果、「窮民」が養育に困って捨てたものと認定し、役所に引き渡している。男の子は水田政吉《まさきち》と名づけられ、捨てられた場所を本籍としたうえで、九月一日、芝区柴井町に寄留していた鳥取県の士族、古賀新《こがあらた》に預けられている。

四つめは、明治一八年（一八八五）九月七日午後八時頃、下谷《したや》、仲御徒町《なかおかちまち》の江戸橋から人力車に乗車した住所不明の者が、生後一〇ヵ月ほどの男の子を車夫に託し逃亡したというもの。この子は周旋《しゅうせん》人、宇田川春吉《はるきち》によって九月二九日には下谷区新網町の中村鉄次郎《てつじ》に預けられ中村輪之助《りんのすけ》と名づけられている。

捨てた親のうち二人はいずれも職人風の三〇代から四〇代の男、一人は三〇歳くらいの「窮民」と思われる女。捨てたのは下層の人々であった。捨てられたのは生後一〇ヵ月から二歳の乳児、置き捨てにされた場所は、浅草、下谷という下町である。捨てた親たちはみな顔を見られているものの、その素性も住所も不明である。置き捨ての事例は、不特定多数の人々が集まる都市の特質を映し出す。

次の二つは、いずれも旅人宿での置き捨てである。一つは、明治一五年三月四日、下谷区下谷金杉町の旅人宿、内山与吉《よきち》方に置き捨てにされた、推定で四歳と思われる柴田喜三郎《きさぶろう》の場合である。原籍は茨城県北葛飾《きたかつしか》郡長谷村士族と申し立てて泊まったこの子の母まつは、喜三郎を置いて出ていったきり宿に戻ってこなかった。そこで原籍に紹介したところ、そのような者は居ないというので、棄児と認定し、四月一七日に、旅人宿の内山に仮預けとなっている。

そしてもう一つ。もと豊島町居住と申し出、神田区三河町の旅人宿に泊まった河合タケと名乗る女性が、明治一六年二月九日、息子寅吉《とらきち》を残し出て行ってしまった。その後タケから旅人宿に、寅吉を養育してほしいとの書状が届いたもののタケの行方はわからない。そのため棄児と断定し、三月一六日に、柴田町の杉浦亀吉《かめきち》に預けられている。寅吉は推定で明治一二年七月生まれ、三月には三歳八ヵ月になっていた。

この二つの事例はどちらも、都市近郊や地方から都市に流入し、旅人宿に泊まった貧民の母親によってなされた置き捨てである。捨てられた子どもたちは三歳から四歳と年齢も高い。また棄児と認定されるまで一ヵ月近くかかっている。

置き捨ては、人々の関係が疎遠な都市の人間関係のなかで起きている。東京養育院幹事であり、捨て子たちとの面談にもあたった安達憲忠《けんちゆう》があらわした『乞児《きつじ》悪化の状況』（明治二八〈一八九五〉年）によれば、捨て子たちは、都市下層社会の、実の親に捨てられた子どもや、継母などに追放された子どもたちであったという。

安達は「東京の下流社会は、月に幾回も移転するものもあり、生活困難に際すれば其子を置去り、又は放逐するもの少なからず」、「下等社会は結婚離婚甚だ容易にして表面の手続きを踏まざるもの少なからず、故に其挙げたる子女も入籍せしめず而《しか》して前妻の子後妻之を悪《にく》みて追放するが如きは此《この》無教育社会に免れざるの状態也」と述べている。置き捨ての事例は、捨て子の背景に、都市下層社会の不安定な家族のありかたがあったことを物語る。

近代初頭の捨て子には、数は少ないものの親の手紙が添えられている場合もある。親たちが、どのような事情で捨てるに到ったのか、それらの手紙をもとに探ってみることにしよう。

なぜ捨てたか

明治一六年二月二七日の夜、本郷区龍岡《たつおか》町で、五歳くらいの男の迷子が発見された。本郷警察署で調べた結果、この子は「おやのなきせがれ御たすけ御ねがい上候　卯《う》どしの生れ」と記した書付を所持していたため、棄児とみなされた。岡本熊太郎《くまたろう》と名づけられ、三月二日から本郷元町の平民、並松熊吉《なみまつくまきち》に「里扶持料」一ヵ月二円で、「本預け」となっている。五歳の男の子が捨てられたのは、親の死による。ただし、「おやのなき」とは、父親、あるいは両親とも亡くしたのか、捨てたのが誰かはわからない。

捨てたのは誰か、どんな事情で捨てられたのか、さらに手紙をみていくことにしよう。明治一七年（一八八四）九月九日午後八時、京橋区銀座二丁目に生後四ヵ月の女の子が捨てられていた。この子に添えられていた手紙は次のようなものである。

明治十七年五月八日生　　モト

右母分娩後、程なく病死致し、養育方、種々刻苦候えども（苦労をかさねたけれども）、今日父子三名斉《ひと》しく飢餓に及ばんとす、余儀なく御憐然を持って、撫育ご配慮の程、ひとえに懇願奉り候

右該児《がいじ》（おさなごのこと）
鰥夫《やもめ》

大方慈人御中

女の子は、銀座の並木通りに捨てられていたためか、金木という姓をつけられ、翌九月一〇日には、とりあえずお乳を与えるため、周旋人、宇田川亀吉に仮預けされている。モトを捨てたのは父親である。母親が産後病死し、二人の子どもを抱えてさまざまな苦労を重ねた末の捨て子であった。手紙の宛先は「慈人」。ここには他人の慈悲に子どもの未来を託すという江戸時代と連続する意識を見ることができる。

もう一つは、明治一八年（一八八五）五月二八日、本所区深川に捨てられていた男の子の場合である。涎《よだれ》掛け、銘仙《めいせん》袖なし羽織、木綿袷、木綿綿入れを着せて捨てられたこの子には、木綿の小蒲団、脱走《ママ》縮緬《ちりめん》三尺帯、守袋が添えてあった。男の子は松田幸三郎《こうざぶろう》と名づけられ、翌二九日、深川霊岸町の平民、清水庄吉《しょうきち》に預けられている。守袋のなかにあ

ったのは、次のような手紙である。

明治十六年五月十八日生レ

父誰印

母誰拇印

商業のため不幸にして損害を生し、なお不景気、子ども三人養育いたすこと父病気にて能《あたわ》ず、御法を欠き、大家を見込み捨てて養育を願う、御叶い候節は、御上の御世話を願い上げ候、明治二十年まで御養育願い上げ奉り候

順序を致し養育これ願い奉る所、左配信用これ無く

十八年五月廿四日

手紙が書かれたのは二四日。捨てられたのは、その四日後である。父母の押印のある手紙からは、男の子は二歳になること、法にそむいて捨てる理由は、商売に失敗し、それに加え父親も病気になり子ども三人の養育が困難になったためであり、「大家」に養育を託すことを願っていることが明らかとなる。明治二〇年まで養育をお願いしたいとは、この子が四歳になるまでということになる。東京養育院では明治一〇年ごろから、乳幼児については里親に預け満三歳になると原則として養育院に返還するという形をとっていたが、

そうした事情とも関係しているのだろうか。

ここには江戸時代以来の「大家」に子どもを託す意識と「お上」、つまり国家による近代の公的施設に頼る意識が混在して見られる点が興味深い。気になるのは、文末に記された「左配信用これ無く」という言葉である。「左配」とは、「差配、作配」つまり周旋人を指すのだろう。周旋人は信用できないとは何を意味するのか。『棄児拾揚届』からは、その周旋人の姿が浮かび上がってくる。

周旋人の存在

明治一八年（一八八五）九月に人力車夫に置き捨てにされた中村輪之助（生後一〇ヵ月）は宇田川春吉に、また明治一七年（一八八四）九月、両親の手紙を添えて捨てられた金木モト（生後四ヵ月）は宇田川亀吉に「仮預け」にされている。宇田川春吉、宇田川亀吉の二人は、ともに芝区の居住であり、『棄児拾揚届』にしばしば登場する。平井は、その登場回数が、宇田川亀吉の場合は二〇回、宇田川春吉の場合は一九回に上ることを丹念に数え上げている。

両者はそれぞれ一種の縄張りをもち、区役所と里親を媒介する「仮親」＝周旋人であった。棄児を保護した区の役所は、周旋人という境界的性格を持つ職業を介して、区役所と里親の関係を取り結んでいたのである。しかし東京府が「周旋料を求ムル輩」には常々注意し、身元調査をせよと指令を出した明治一七年以降、宇田川春吉が、その姿をあらわすことは稀になる。平井は、宇田川春吉が扱った棄児一九人のうち少なくとも八人までは、のちのいわゆる「下層社会ルポルタージュ」で芝区の「一大貧民窟」として紹介される地域に送り込まれているという興味深い事実を見出している。

明治一九年、「区内預り」は終わりをつげた。にもかかわらず、乳幼児を里親に預ける里親委託や養子縁組など江戸時代以来続いてきた捨て子救済のあり方は、以後も続いていく。身体や知能に特に異常がない場合は、「幼童縁組」「雇預け」など民間への「預け」が奨励され、養育院の目的は、一般への養子縁組、雇い預かりが成立するまでの一時的な委託保護におかれたのである。そのねらいは、家族から捨てられた捨て子たちに家族を保障することで、「性質善良な」従順な労働者にしていくことにあった。

岡本フクの場合

ここに、一通の手紙がある。「雇い預け」先から養育院の教師のもとにあてた岡本フク（一二歳）の手紙である。

一筆申上げます。一両日はさむさことのほかかしのぎよく候おりから先生はじめ皆々様にはお変わりもありませんか伺ひ申ます。つぎに私も無事つとめて居りますからご安心下さい。さてわたくしは毎日〳〵皆々様が今頃は何をなさつて居らる、かと思つてばかり居ります。私もおかげ様にて着物や色々な物をこしらゑていたゞきまし、まことに嬉しく思ってつとめて居ります。どうぞ御安神（安心）下さいまし。さよーなら。御きげんよー。

ふく

岡先生様

（「院児の手紙」『東京市養育院月報』一六号、明治三五年（一九〇二）六月）

フクの手紙は、「雇い預け」制度が子ども自身にとっては、どのようなものとして意識されていたかを物語る。それは何よりも「つとめ」として意識されるものであった。フクは「つとめ」の代償として「おかげ様にて着物や色々な物をこしらゑて」もらえると述べている。「原夫人」のもとに「雇い預け」となったフクは、自らが労働力としてもらわれていることを、明瞭に意識していた。

フクもまた、都市に流入し家を持たずに旅人宿で暮らす貧民の子どもであった。都市の貧民を描いたルポルタージュ、『東京の貧民』（明治二九年〈一八九六〉）には、八歳で下谷区役所から養育院に送られたフクと、養育院幹事との問答が記されている。フクは「細民の娘にて早く母に死に別れ乞食に救われて乞食となりしに病気のためにまた棄てられたる者」であった。

問答によれば、フクの父は宿屋で足袋を拵え、母が三味線を弾きフクはかっぽれを踊って、生計をたてていた。しかし、両親とも死んでしまったため、三味線を弾く乞食夫婦に救われ、かっぽれを踊り「お貰い」をして暮らしていたが、病気になったため乞食夫婦にも捨てられたのであった。フクは「美貌性質敏捷なる方」とある。厳しい生活を経て、生命の危険にもさらされたフクにとって、原夫人のもとでの生活は、「つとめ」ではあっても「まことに嬉し」いと表現されるようなものであったことだろう。

「雇い預かり」

雇い預かりを望むものは多かった。その多くは、養子女や嫡子にするためである。雇い預けという制度を可能にした背景には、当時の家族と子どもの養育をめぐる状況があった。「家」の継承のためには血縁でない子どもを養子にすることを拒否しない家族観、また商家などでは将来の労働力として子どもを求める子ども観が存在していたのである。もっとも、棄児を預かる家庭は厳しく管理されることとなった。明治二七年（一八九四）七月の「幼童の院外委託に関する建議」では、身元「保管証」交付、養育費詐欺防止のための積み立て制度、半年ごとの児童の帰院と親子面談実施、さらに不適格な養育者からの児童の返還など、が定められている。

図17　里親へ里扶持ヲ渡スノ図
（安藤憲忠著『東京市養育院沿革及実況』明治29年，国会図書館所蔵）

また哺乳児が入院した場合は、院の内外の浴場などに広告して、里親を求め、あるいは従来の里親に託して探させ、見つかった場合は、直ちに里子に出された。その保育料は、月一円七〇銭で他に蒲団、被服、襁褓《むつき》（おしめ）、枕などを渡している。この保育料は明治三一年には二円、明治三四年には二円五〇銭、明治三五年頃には三円、四〇年には、三円六〇銭と値上げされている。里親は、毎月一〇日、保育料受領のため、里子同伴で来院し、その際に里子の健康調査が行われた（図17）。

『養育院八十年史』によれば、これら「里親の多くは貧家で母乳のあるのを幸い、内職のつもりで預かる者が多かったが、保育期間中に愛情が生じ満三年に達して本院に返す時相擁して泣き悲しみ、中には啼き一週間も院内に泊まり込んで別れを惜しんだ者があった」。そのため、里子の途中引き上げを取りやめ、保育期間を一三歳迄として義務教育を終えさせ、満期になれば里親のもとに里流れとする途を開いたという。ここには他人の子どもも「愛憐スル実子ニ異ラス」養育する子どもも観をみてとることができる。

棄児たちの自己意識

さて当の子ども自身は自らが棄児であることをどう意識していたのだろう。また、棄児であることは子どもたちに、どのような自己意識をもたらしたのだろう。そのことを考える手がかりを江戸時代の史料に見出すことは難しい。しかし、東京養育院の資料のなかにはその一端を見ることができる。明治三一年（一八九八）から養育院のなかで実施された院内教育に携わった教師たちが行った調査である。

表7は、一九〇二年（明治三五）の養育院月報に掲載された「将来いかなる人にならんと思ふか」という教師の問いかけに対する尋常科一年生の回答である。なりたい理由としてあげられた「ツヨイ」「金ヲ澤山モラヒマシタカラ」「ラクニクラシタイ」「リッパニナリタイ」という言葉。そこには、家族の保護から放り出された捨て子たちの、強さや豊か

表7　生徒の答案―将来如何なる人にならんと思うか（尋常科1学年）

	人数	その理由
加藤清正	4人	ツヨイ人デアリマス．槍デ虎ヲツキコロシマシタ．
頼光	5人	ツヨイ人デアリマス．大江山デ鬼ヲコロシマシタ．
楠正成	3人	天子様ニ忠義ヲシタカラデス．
西郷	3人	キツイ人デアリマス．
義経	2人	ツヨイカラデス．
花咲爺	2人	正直デシタカラ金ヲ澤山モラヒマシタカラ．
先生	5人	ナシ．
事務所役員	2人	ナシ．
旦那	3人	ラクニクラシタイ．
奥様	5人	リッパニナリタイ．
裁縫教師	4人	ナシ．

出典：『東京市養育院月報』21号．1902年（明治35）11月．

さへの願いがみてとれる。また「旦那」「奥様」になりたいという将来像からは、家族形成への願いとともに、家族を形成することが「ラク」な暮らしを保障し「リッパニ」なることとして意識されていることがうかがえる。

ちなみにこの調査が実施された一九〇〇年代初頭は、性別役割分担にもとづき「奥様」が家事・育児を担う「家庭」が、理想としてだけでなく実態としても成立してくる時期にあたる。「ホーム」の意味での「家庭」の語が最初に登場したのは明治三〇年（一八九七）に刊行された『小公子《しょうこうし》』である（沢山「近代的母親像の形成についての一考察」）。

若松賤子《しずこ》の訳になる『小公子』は、日本の児童文学の出発点となる作品でもある。津島佑子は、『小公子』や『家なき子』（日本での最初の翻訳は明治三六年〈一九〇三〉など日本の子どもたちにも読まれた「『児童文学』はどれも、一時期、かわいそうな『孤児』になって、浮世の辛さ、悲しさを味わってから、最後に優しい母親の胸にしっかりと抱かれる、あるいは『家庭』の暖かさに保護されるという筋になっていて、いかに子どもにとって『家庭』は大切なもので、愛情にあふれた、最上の場所か、とくどいほど子どもたちに教え込んでいる」と述べている（津島佑子『快楽の本棚』）。養育院の子どもたちの意識も、「家庭」が価値あるものとみなされていく時代状況と無縁ではなかった。

また「学問は何の為に為すや」という教師の問いに対して子どもたちが書いた作文（『東京市養育院月報』一二八、九号、明治三六年〈一九〇三〉からは、子どもたちが「一人前」の人間になることを自らの目標としていたことがわかる。「一人前」になるということは、読み書きができ、手紙を書くなどのコミュニケーション手段を身につけた、「大きくなって人々にわらはれぬよー」（上野外吉、一五歳）、「人に馬鹿にされ」（小林貞吉、一四歳）ないようになることを意味していた。厳しい世の中で、身一つで生きていかなければならない養育院の子どもたちにとって、学ぶことの意味は何よりも、社会を生き抜く力として意識されていたのである。

これらの調査が実施された一九〇〇年代初頭に、棄児数は急激に減少し、里親や養子縁組数も次第に減少していくこととなる。興味深いのは、離婚率の低下（図18）と棄児数の減少（図19）は同様な下降線をたどっている点である。

棄児数の減少

牧原憲夫によれば、離婚率低下の背景には二つの要因があった（『民権と憲法』）。一つは、明治三一年（一八九八）に公布された明治民法により、結婚離婚の手続きが厳格になり、妻の離婚請求権が制限されたという「家」制度による外側からの制約。二つには、子ども中心の愛に満ちた「家庭」を作ることが女性の役割であるとする近代家族モデルの登場により、家事育児の担い手となった女性たちのなかに子どものために離婚をためらう心性が生まれていたという内面からの束縛。この二つである。

子どもは家族のなかで、実の母によって育てられるべきとする規範が強まる時代状況は、共同体の責任で捨て子を養育する、あるいは他人の子を養育するあり方を否定するものであった。それはまた、捨て子をすることをためらわせる心情を親たちのなかに生み出したのである。

江戸から明治へ、「捨て子」から「棄児」への展開は、近世から近代にかけての子どもと、彼らを育んだ社会がどのような社会であったかを映し出す。捨てられた子どもの側か

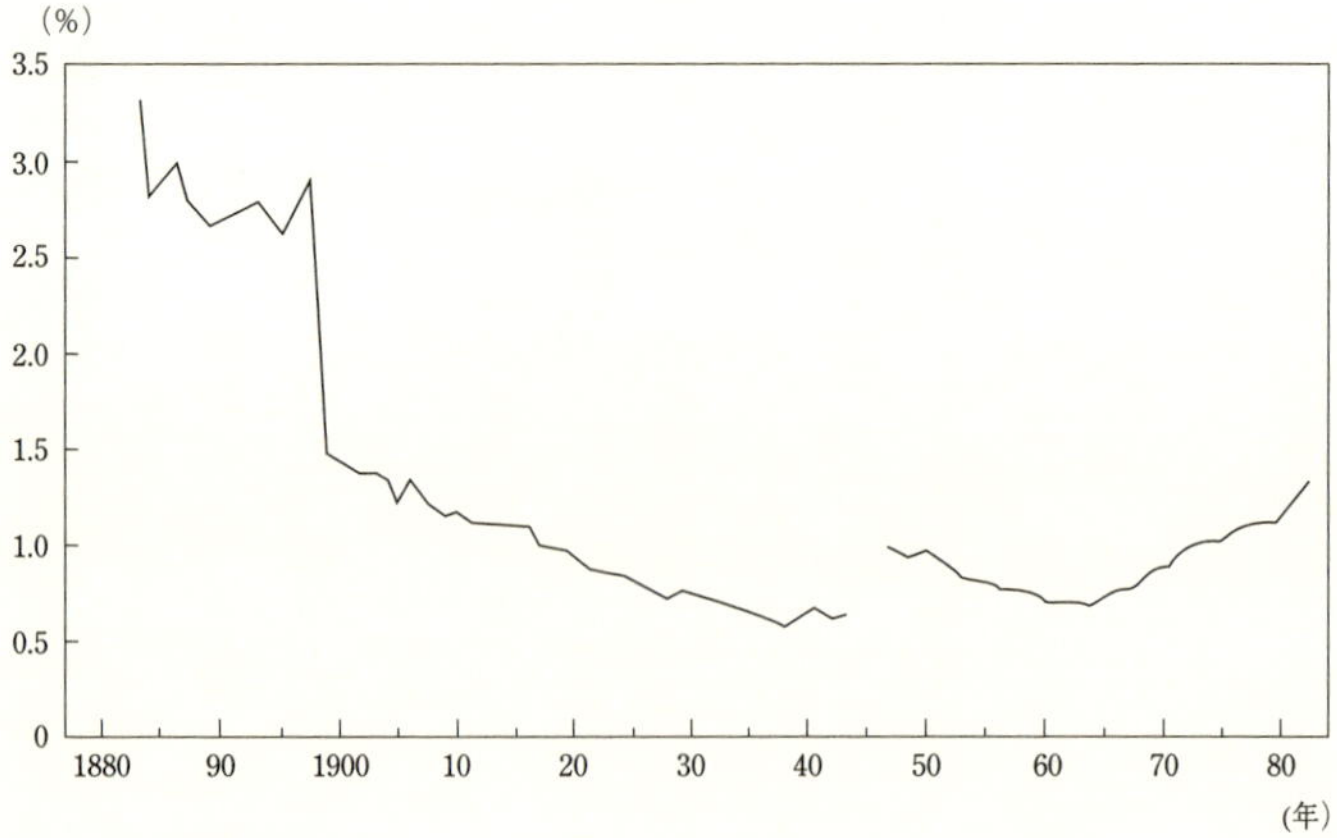

図18　離婚率の変化（厚生省大臣官房統計情報部編『離婚統計』1984年）

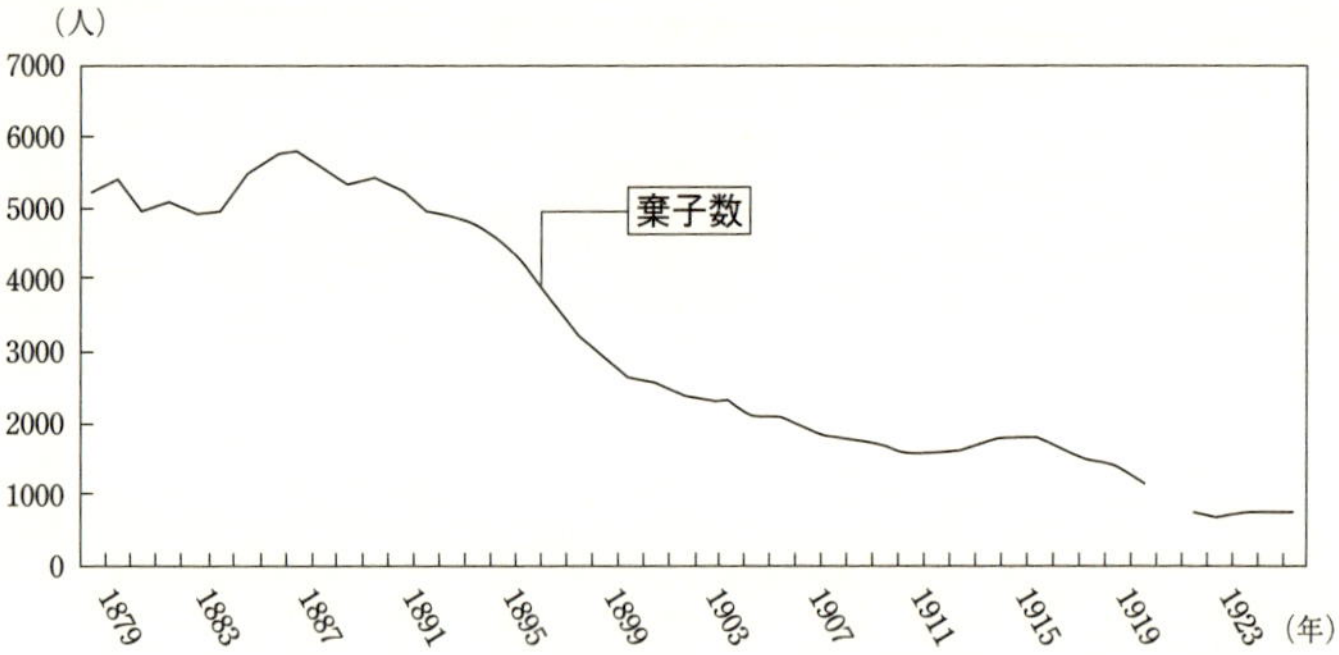

図19　棄子数の年代的推移（『日本帝国統計年鑑』5-46「棄子数」）

ら、近世から近代への展開をたどりなおすとき、日本の近代化過程、そして近代的慈善事業の性質も、また違ってみえてくるのではないだろうか。

『誰も知らない』によせて——エピローグ

過ぎ去った時代の捨て子の実像を浮き彫りにするような肖像を描きたい。そう思いながら筆を進めてきた。そのなかで、何度も頭をよぎった映画がある。

現代の捨て子

この映画は、一九八八年に東京・西巣鴨で起きた、実母による「子ども四人置き去り事件」を下敷きにしている。それぞれ父親の違う四人の子どもたちは、出生届がなく、学校にも通ったことがない。新しい恋人が出来た母親は四人の子どもを残して出奔し、子どもたちは時折母親から届く現金書留だけを頼りに生きていく。やがてお金はなくなり、電気も水道も止められる。母親とは連絡が取れない。子どもたちはコンビニで廃棄される弁当

図20 『誰も知らない』(テレビマンユニオン提供)

を貰って食いつなぎ、近所の公園で洗濯をする。母親は帰ってこないとわかっても、子どもたちは母親への信頼を失わず、精一杯の知恵を振り絞り、小さな楽しみもみつけながらアパートの一室で半年を生きていく。しかし不慮の事故で最も幼いゆきの命が奪われる。長男の明はスーツケースにゆきを入れて運び、自らの手で埋葬する。ラストシーン、子どもたちが歩いていく後姿が映る。

『誰も知らない』には、捨てた男であり子どもの父でもある男、捨てられた女であり子どもたちを捨てた母親、母親に捨てられた子どもたちが登場する。親からも学校からも社会からも捨てられた子どもたちの共同生活には、捨てられたことで生まれる閉じたユートピアともいえるような、ある種の解放感や子どもたちの生き生きとした命のきらめき、生命力が感じられる。しかし、現代社会のなかで、子どもだけの世界は脆弱なものとならざるを得ない。子どもの世界の崩壊の過程が、荒《すさ》んでいくアパートの一室の光景とともに描き出される。

親や家族や社会制度によって子どもは保護されるべきだとする近代の子ども観によって、言い換えれば、社会的に制度的に保護され、制度のなかに取り込まれることによって子どもたちから奪われてしまったものは何か。『誰も知らない』のなかの子どもたちが、自らの感受性や能力、時に動物的とも言えるような生きる力を最大限発揮しながら自らの力で生きていこうとする姿は、そんなことを問いかけてくる。

私が本書で描きたかったこと、考えてみたかったことも、捨てられた子どもを通して見えてくるものとは何か、捨て子、とくに近代以前の捨て子を合わせ鏡にすることで、近代につながる現代の子どもたちの置かれた状況や現代という時代を映し出してみたいということにあった。

歴史のなかの捨て子

『誰も知らない』は現代の捨て子、本書で取り上げたのは江戸後期から明治初頭の捨て子である。しかし両者に共通しているのは、どちらも、自ら望んでそうなったわけではないということだ。彼らは一方的に捨てられ、社会のなかに取り残された。捨てる側にはさまざまな理由があるだろう。しかし、捨てられる子どもの側からみれば、それが捨てる側にとってはどれほど深刻な理由であろうとも、理不尽であることには変わりがない。

捨てる側と捨てられる側、大人と子どものあいだにあるこの非対称性のゆえに私たちは、捨て子をかわいそうな子どもとみなし、同情し、捨てた親に対し怒り、その無責任さをなじる。しかしそのことで、捨てた親たちが捨てるに至った背景や捨て子を選択したことの意味、あるいは捨て子たちの日常や日常を生きていく生命力など、捨てた親と捨て子たちの生や、その背後にある社会との関係を見失ってしまうということがないだろうか。

この映画では、子どもを捨てた母親を責めたり、捨てられた子どもたちをかわいそうな子どもとしては描いていない。誰も知らない空間と時間のなかで、子どもたちが生きる姿、暮らす姿を、生活の細部まで含めて描くことで、子どもたちの内面や生命力を豊かに描いてみせた。その視点は、私たちが歴史のなかでの捨て子を考える上でも示唆的である。

人命を尊重する現代社会にあって捨て子は許されない行為である。「赤ちゃんポスト」の設置が世間の注目を集めた背景には、この世に生を受けた子どもを遺棄することは許されないという現代人の感覚がある。しかし江戸時代の捨て子に対する人々の受け止め方は大きく異なる。

捨て子は、必ずしも非難されることではなかった。親が、自らの生存のために子どもを捨てることは、やむを得ないこととみなされたのである。江戸後期には、下層の人々のあいだにも「家」存続への願いは強まりつつあった。しかし、その「家」は自立し始めたとはいえ、まだ脆く、夫婦と子どもだけで構成される家族の場合、貧困や飢饉だけでなく、親の死亡、離婚、村共同体からの追放、生活のための労働によって子どもを育てられなくなる可能性は大きかった。また家族を構成できない未婚の母が生きるために、あるいは非嫡出、乳が出ないといったさまざまな事情で子どもは捨てられた。

親にとって捨てるという選択は、苦悩を伴うものではあったが、自分も子どもも生き延びるためのやむない選択であり、社会はそのことに許容的であった。捨て子たちは、拾ってもらえそうな時間、場所に、様々なモノを添えて捨てられている。これら捨て子に添えられたモノの数々は、他人の「家」で生きて、その命をつないでほしいという親の願いを物語る。その生命への願いは、捨て子たちの多くが、生後すぐではなく、ある程度育てた後で捨てられていることからもうかがえる。

捨てられた、その場での介抱と養育、そして捨て子の養い親を探すことを命じる生類憐み令は共同体による捨て子救済システムを生み出し、捨て子に生き延びる可能性を与えた。しかし、そのことによって逆に捨て子が生みだされるという矛盾もまた生み出したのである。

捨てるという選択の歴史性

共同体による捨て子救済システムは、共同体の相互扶助機能によって、そして捨てる側と貰う側との危うい均衡のなかで保たれていた。捨て子の貰い手の多くは、富裕層というよりは、養育料を目当てとする人々や、自らの生活の必要から乳母となる人々、「家」の存続を願うものの、養子に出し、あるいは養子を貰い受けるための養育料を出せない下層の人々であった。捨て子を貰い受ける願いのなかに、捨て子を実子のように大切に養育することが明記されねばならなかったことは、捨て子のその後が必ずしも穏やかなものではなかったことを思わせる。

そこには「家」の存続のためには、血縁でない子どもを養子として、労働力として求める子ども観が存在していた。しかし、共同体的な捨て子救済のシステムは、共同体の相互扶助機能の低下のなかでうまく機能しない状況も生まれていた。津山藩の育子院の構想はそのことを示すものでもある。

近代以降、国民一人ひとりの生命の管理を意図する近代国家のもとで、共同体による捨て子養育は、従順な労働力の養成を目的とする養育院などの近代的慈善事業施設による保護と教育にとって替わられる。とともに、実の親が自ら責任を持って子どもを産み育てる家族の、とくに産む身体を持つ女性の養育責任が強調され、子どもを捨てることは遺棄罪に問われることとなる。

このように、近世的な捨て子救済システムのもとでの親たちの「捨てる」という選択と近代的慈善事業による棄児の教育保護システム成立以降のそれ、さらに現代の「赤ちゃんポスト」に子どもを委ねる親の選択とは様相を異にする。その意味で捨て子の問題は、親のモラルの問題のみに還元されるべきではない。人々の生命観、子ども観、家族観、そして共同体・国家・社会が子どもの養育についてどのようなシステムを持っているかといった社会そのもののあり方との関係で考えるべき問題といえよう。

ここでは江戸後期から明治初頭の捨て子史料を手がかりに、さまざまな角度から捨て子の肖像を描こうと試みた。そのなかで、捨て子に焦点を当てることは、その時代に生きていた親と子の命や生活の場としての家族や共同体の側から歴史を描き出す手がかりとなることは示せたのではないかと思う。ただし、ここに示したのは、断片的な史料をつなぎ合わせることでようやくその輪郭が浮かびあがってきた、限られた時代、地域の、ほんのひと握りの捨て子たちの、ちいさな肖像にすぎない。

歴史の主題としての捨て子をめぐる課題は、史料の発掘も含め、まだ数多くある。本書では、子どもの生命観の問題まで充分に踏み込めなかった。しかし私たちの歴史は、その多くが名も残さずに埋もれた無数の「誰も知らない」子どもたちの命の連鎖で成り立っている。そうした歴史の真実に近づくためにこれからも、捨て子の肖像を描く営みを続けていきたいと思う。

あとがき

捨て子たちの姿を匿名のままに終わらせず、固有名詞を持った存在として描き出したい。この三年間、そう思い続けてきた。その宿題に何とか答えることができて、ほっとしている。

私が捨て子について調べ始めたのは偶然のきっかけからだった。津山城下の『町奉行日記』の懐妊、出産をめぐる記述を調べるうち、捨て子についての記述が気になりだしたのだ。ところが捨て子に関する史料を集めてみると、これが面白い。そのうち、岡山城下にも、まとまった捨て子史料があることがわかってきた。これらの史料は、捨て子が、いつ、どこに、どのような状態で捨てられたか、また時には、捨てた親の手紙の内容までが記述された実に魅力的なものだった。

なぜ、捨て子の問題に私は惹かれたのか。それは、歴史史料には現れにくい子どもたちの姿、とりわけ、自らは語ることができない乳幼児の姿が見えてくること、また、子どもという存在を親や当時の人々がどのように捉えていたのか、子どもをめぐる人々の意識や社会の紐帯がみえてくるからに他ならない。

最初に報告をしたのは、私の最初の著書『出産と身体の近世』（一九九八年）の女性史青山なを賞受賞を祝う会での席上である。せっかくなら、次の研究のステップになるようにと、岡山地方史研究会のみなさんが報告の機会を設けてくださったのである。その折のコメントや励ましは、捨て子を一つの大切な研究テーマとするよう私の背中を押してくれた。

その後、少しずつわかってきたことを「近世後期捨子の実態—岡山城下町を中心に」（二〇〇〇年）、「天保飢饉下の捨子—津山藩領内における」（二〇〇二年）という二本の論文にまとめた。そんなときである。二〇〇四年四月、「『捨て子の近世史』のようなものを書きませんか」というお話しをいただいた。しかしそのとき私は、二冊目の著書となる『性と生殖の近世』（二〇〇五年）を準備中であり、二本の論文は「捨子の実像」「捨子の運命」と改題して収録した。そこで本書では、それらも部分的に用いながら、さらに、男と女、捨てる親と捨てられる子、捨てる者と拾う者、都市と農村など、様々な関係性のなかで、固有名詞を持った一人ひとりの捨て子の姿を描き出すことを試みた。この間、二〇〇六年に孫を授かったが、それは命やその連鎖を深く印象づけられる出来事であった。無心にお乳を吸う姿は命そのものであり、その成長の目覚しさに驚嘆させられると同時に、捨て子の問題を、より深く、命や人々の絆のなかで考えることとなった。

こうして本書が生まれるまでをふりかえってみると、多くの人々に支えられたことを改めて思う。史料収集にあたっては、岡山県立記録資料館、岡山市立中央図書館、東京都公文書館にお世話になり、研究会での報告や講演、そこでの議論、またゼミや講義での学生の意見は私にとって貴重な財産となった。一人ひとりのお名前をあげたいが、その方々のお顔を思い浮かべながら、ここでは五人の方のお名前だけをあげさせていただく。

捨て子の徳三との出会いは、私の大切な旅の友でもある埼玉県立歴史と民俗の博物館学芸員の加藤かな子さん、米吉、鳩助との出会いは岡山の女性研究者仲間でもある井原市教育委員会文化課の首藤ゆきえさんによってもたらされたものである。また、信頼する研究仲間である日本近世史の倉地克直さん、日本近現代史の大門正克さんからは、折に触れて貴重な助言を頂いた。そして編集第一部の永田伸さんは、煩わしい実務を引き受けてくださって、そのぶん、私には自由にのびのびと書かせてくださった。心から感謝したい。

一区切りをつけたとはいえ、残された課題も多い。私のもう一つのフィールドである東北日本には捨て子ではなく堕胎・間引きをめぐる史料が多い。その違いはなぜか。堕胎・間引きと捨て子の関係に注目しつつ、東北日本と、本書で取り上げた西南日本を比較する課題、そして、ここではその一部しか取り上げられなかったが、近代初頭の捨て子たちの実像をさらに明らかにすることで、捨て子を軸に近世から近代への展開を明らかにする課題が残されている。

ところで、本書が刊行されるころ、私は二六年勤務した短大を辞め、新たな出発をする。二六年と言えば四半世紀にあたる。しかも人生はそう長くはない。五〇代も半ばをとうに過ぎた今、さらに研究をすすめるために新しいステージへと踏みだす決意をした。

そして本書を書いたことで、私は少し前に進むことができた。と同時に、息長く研究を続けていくことへの勇気を持てた気がする。新鮮な空気を胸いっぱいに吸い込んで前に向かって歩き始める、その春に本書が刊行されることを心から嬉しく思う。

二〇〇八年一月

新たな年の始まりに

沢山美果子

参考文献（著者名の五十音順）

著書・論文

阿辻哲次『漢字の知恵』ちくま新書、二〇〇三年
アラン・マクファーレン『イギリスと日本—マルサスの罠から近代への跳躍』新曜社、二〇〇一年
アリス・ベーコン、矢口祐人・砂田恵理加共訳『明治日本の女たち』みすず書房、二〇〇三年
井上　靖「おろしや国酔夢譚」『井上靖小説全集二八』新潮社、一九七二年
岩淵令治「江戸武家方辻番の制度的検討」『史学雑誌』一〇二編三号、一九八三年
宇都栄子「児童養育保護政策における棄児取り扱いについて—明治二一年〜二七年の先例—」『日本女子大学紀要　文学部』二三、一九七三年
太田素子『子宝と子返し』藤原書店、二〇〇七年
片山新助『近世岡山町人の研究』楓亭文庫、一九八四年
片山新助『岡山の町人』岡山文庫、一九八五年
川本英紀「捨て子の置手紙と『氏・筋・由緒』—近世後期小倉藩を事例として—」『部落解放史ふくおか』一一六号、二〇〇四年一二月
菊地勇夫「近世飢饉下の捨て子・子殺し—東北地方を事例に—」『キリスト教文化研究所年報』第三四号、二〇〇一年

鬼頭　宏『人口から読む日本の歴史』講談社学術文庫、二〇〇〇年
斉藤研一『子どもの中世史』吉川弘文館、二〇〇三年
沢山美果子「近代的母親像の形成についての一考察」『歴史評論』四四三号、一九八七年（『日本家族史論集10　教育と扶養』吉川弘文館、二〇〇三年再録）
沢山美果子「子育てにおける男と女」、女性史総合研究会編『日本女性生活史第四巻　近代』東京大学出版会、一九九〇年
沢山美果子「家／家庭と子ども」大門正克・安田常雄・天野正子編『近代社会を生きる』吉川弘文館、二〇〇三年
沢山美果子「『保護される子ども』の近代―『捨子』からみた近代社会の展開―」佐口和郎・中川清編『講座・福祉社会第二巻　福祉社会の歴史―伝統と変容―』ミネルヴァ書房、二〇〇五年
沢山美果子『性と生殖の近世』勁草書房、二〇〇五年
沢山美果子「堕胎・間引きから捨子まで」落合恵美子編『徳川日本のライフコース―歴史人口学との対話―』ミネルヴァ書房、二〇〇六年
島野裕子・白水浩信『「かにばば」と胎毒―近世産育書における「胎毒」観の変遷に関する一考察―』『神戸大学大学院人間発達環境学研究科　研究紀要』第一巻第一号、二〇〇七年
清水真砂子『幸福に驚く力』かもがわ出版、二〇〇六年
菅原憲二「近世京都の町と捨子」『歴史評論』四二二号、一九八五年
杉浦日向子『うつくしく、やさしく、おろかなり―私の惚れた『江戸』―』筑摩書房、二〇〇六年

大喜直彦「中世の捨て子」『日本歴史』六一五号、一九九九年
高橋友子『捨て子たちのルネッサンス―一五世紀イタリアの捨児養育院と都市・農村』名古屋大学出版会、二〇〇〇年
立波澄子「近世捨子史考―加賀藩の事例を中心に―」福田光子編『女と男の時空―日本女性史再考Ⅳ 爛熟する女と男―近世』藤原書店、一九九五年
塚本　学『生類をめぐる政治』平凡社、一九八三年
塚本　学「生類憐み政策と西鶴本」『人文科学論集』一四、信州大学人文学部、一九八〇年
津島佑子『快楽の本棚』中公新書、二〇〇三年
時田昌端『絵で楽しむ江戸のことわざ』東京書籍、二〇〇五年
永尾正剛「北九州の近世女性史研究序説（1）」『北九州市自然史・歴史博物館研究報告　B類　歴史』第三号、二〇〇六年
中川　清『日本の都市下層』勁草書房、一九八五年
中川　清編『明治東京下層生活誌』岩波文庫、一九九四年
西山良平『都市平安京』京都大学学術出版会、二〇〇四年
二宮宏之「七千人の捨児」『全体を見る眼と歴史家たち』平凡社、一九九五年
速水　融『歴史人口学で見た日本』文春新書、二〇〇一年
樋口政則『不思議の村の子どもたち』名著出版、一九九五年
平井雄一郎「『区内預り』から『養育院』へ―『棄児救育』合理化の一局面―」『社会経済史学』六一巻

六号、一九九六年
福尾美夜『岡山の衣服』岡山文庫、一九八一年
服藤早苗『平安朝の母と子』中公新書、一九九一年
藤田苑子『フランソワとマルグリット—一八世紀フランスの未婚の母と子どもたち—』同文舘出版、一九九四年
夫馬　進『中国善会善堂史研究』京都大学学術出版会、一九九七年
細川涼一「中世の捨て子と女性」『女の中世』日本エディタースクール出版部、一九八九年
牧原憲夫『民権と憲法』岩波新書、二〇〇六年
三木えり子「近世後期小野藩における捨子と地域社会」『歴史と神戸』四一巻三号、二〇〇二年
宮田　登『宮田登　日本を語る一二　子ども・老人と性』吉川弘文館、二〇〇七年
宮本常一・山本周五郎・楫西光速・山代巴監修『日本残酷物語1　貧しき人々のむれ』平凡社ライブラリー、一九九五年
妻鹿淳子『犯科帳のなかの女たち—岡山藩の記録から—』平凡社、一九九五年
本村凌二『薄闇のローマ世界—嬰児遺棄と奴隷制—』東京大学出版会、一九九三年
森　謙二「名前の近代化」落合恵美子編『徳川日本のライフコース—歴史人口学との対話—』ミネルヴァ書房、二〇〇六年
守屋　茂『岡山県下に於ける慈善救済史の研究』岡山社会事業刊行会、一九八五年
山住正己・中江和江編注『子育ての書』平凡社、一九七六年

湯川嘉津美『日本幼稚園成立史の研究』風間書房、二〇〇一年
渡部　武『津山城下町』広陽本社、一九七九年
ルイス・フロイス『ヨーロッパ文化と日本文化』岡田章雄訳注、岩波文庫、一九九一年

史　料

安藤憲忠『東京市養育院沿革及実況』一八九六年
『浅草寺日記』第一巻～第二七巻、金龍山浅草寺、一九七八年
井原市史編纂委員会編『井原市史　Ⅲ　古代・中世・近世史史料編』井原市、二〇〇三年
井原市史編纂委員会編『井原市史　Ⅵ　民俗編』井原市、二〇〇一年
井原市史編纂委員会編『井原市史　Ⅳ　井原陣屋史料編』井原市、二〇〇一年
大熊家文書、埼玉県立文書館寄託資料
太田素子編『近世日本マビキ慣行史料集成』刀水書房、一九九七年
岡山県史編纂委員会編纂『岡山県史　第六巻　近世Ⅰ』一九八四年
岡山県史編纂委員会編纂『岡山県史　第二五巻　津山藩文書』山陽新聞社、一九八一年
岡山市史編集委員会編『岡山市史（社会編）』岡山市、一九六八年
『岡山県の歴史』山川出版社、二〇〇〇年
岡山大学池田家文庫刊行委員会編『市政提要』下、福武書店、一九七九年
岡　了允『小児戒草』『江戸時代女性文庫』二九、大空社、一九九五年
『棄児拾揚届』『棄児雑事』東京都公文書館所蔵

久須美祐雋『浪華の風』『日本随筆大成〈第三期〉5』吉川弘文館、一九七七年
国富家文書「捨子書上」岡山市立図書館所蔵
竹内利美ほか編『日本庶民生活史料集成　第九巻　風俗』三一書房、一九九六年
『津山温知会誌』第五編簡斎馬場貞観稿『老人伝聞録附録』津山温知会編、一九一二年
東京都養育院編『養育院八十年史』一九五三年
『日本庶民生活史料集成　第二一巻　府県史料〈民俗・禁令〉』三一書房、一九七九年
藩法研究会編『藩法集　Ｉ　岡山藩　下』創文社、一九五九年
『ビジュアル・ワイド江戸時代館』小学館、二〇〇二年
平凡社地方資料センター編『岡山県の地名』平凡社、一九八八年
桂川甫周『北槎聞略』吉川弘文館、一九六五年
寺島良安『和漢三才図会』一八、東洋文庫五三二、平凡社、一九九一年

展覧会図録

岡山大学附属図書館『池田家文庫貴重資料展　岡山藩江戸藩邸物語』二〇〇一年
岡山大学附属図書館『池田家文庫絵図展　陸の道』二〇〇七年
くもん子ども研究所編『遊べや遊べ！子ども浮世絵展』ＮＨＫプロモーション、二〇〇三年
埼玉県立博物館編『子育ての原風景　カミの子からムラの子へ』埼玉県立博物館、一九九四年
福島県立美術館編『ハギレの日本文化誌―時空をつなぐ布の力―』福島県立美術館、二〇〇六年

著者紹介
一九五一年、福島県に生まれる
一九七九年、お茶の水女子大学大学院博士課程人間文化研究科人間発達学専攻修了
博士（学術）
現在、岡山大学大学院客員研究員、国立民族学博物館特別客員教員（教授）
主要著書
出産と身体の近世　性と生殖の近世

歴史文化ライブラリー
255

江戸の捨て子たち
その肖像

二〇〇八年（平成二十）五月一日　第一刷発行
二〇一二年（平成二十四）四月一日　第三刷発行

著　者　沢《さわ》山《やま》美《み》果《か》子《こ》
発行者　前田求恭
発行所　株式会社 吉川弘文館
東京都文京区本郷七丁目二番八号
郵便番号一一三—〇〇三三
電話〇三—三八一三—九一五一〈代表〉
振替口座〇〇一〇〇—五—二四四
http://www.yoshikawa-k.co.jp/
印刷＝株式会社 平文社
製本＝ナショナル製本協同組合
装幀＝清水良洋・長谷川有香

© Mikako Sawayama 2008. Printed in Japan
ISBN978-4-642-05655-7

Ⓡ〈日本複写権センター委託出版物〉
本書の無断複写（コピー）は，著作権法上での例外を除き，禁じられています．
複写する場合には，日本複写権センター（03-3401-2382）の許諾を受けて下さい．

歴史文化ライブラリー

1996.10

刊行のことば

現今の日本および国際社会は、さまざまな面で大変動の時代を迎えておりますが、近づきつつある二十一世紀は人類史の到達点として、物質的な繁栄のみならず文化や自然・社会環境を謳歌できる平和な社会でなければなりません。しかしながら高度成長・技術革新にともなう急激な変貌は「自己本位な刹那主義」の風潮を生みだし、先人が築いてきた歴史や文化に学ぶ余裕もなく、いまだ明るい人類の将来が展望できていないようにも見えます。このような状況を踏まえ、よりよい二十一世紀社会を築くために、人類誕生から現在に至る「人類の遺産・教訓」としてのあらゆる分野の歴史と文化を「歴史文化ライブラリー」として刊行することといたしました。

小社は、安政四年（一八五七）の創業以来、一貫して歴史学を中心とした専門出版社として書籍を刊行しつづけてまいりました。その経験を生かし、学問成果にもとづいた本叢書を刊行し社会的要請に応えて行きたいと考えております。

現代は、マスメディアが発達した高度情報化社会といわれますが、私どもはあくまでも活字を主体とした出版こそ、ものの本質を考える基礎と信じ、本叢書をとおして社会に訴えてまいりたいと思います。これから生まれでる一冊一冊が、それぞれの読者を知的冒険の旅へと誘い、希望に満ちた人類の未来を構築する糧となれば幸いです。

吉川弘文館

歴史文化ライブラリー

近世史

神君家康の誕生 東照宮と権現様 —— 曽根原 理
江戸の政権交代と武家屋敷 —— 岩本 馨
江戸御留守居役 近世の外交官 —— 笠谷和比古
検証 島原天草一揆 —— 大橋幸泰
隠居大名の江戸暮らし 年中行事と食生活 —— 江後迪子
大名行列を解剖する 江戸の人材派遣 —— 根岸茂夫
江戸大名の本家と分家 —— 野口朋隆
赤穂浪士の実像 —— 谷口眞子
〈甲賀忍者〉の実像 —— 藤田和敏
大江戸八百八町と町名主 —— 片倉比佐子
江戸の武家名鑑 武鑑と出版競争 —— 藤實久美子
次男坊たちの江戸時代 公家社会の〈厄介者〉 —— 松田敬之
江戸時代の孝行者 「孝義録」の世界 —— 菅野則子
近世の百姓世界 —— 白川部達夫
江戸の寺社めぐり 鎌倉・江ノ島・お伊勢さん —— 原 淳一郎
宿場の日本史 街道に生きる —— 宇佐美ミサ子
〈身売り〉の日本史 人身売買から年季奉公へ —— 下重 清
江戸の捨て子たち その肖像 —— 沢山美果子
歴史人口学で読む江戸日本 —— 浜野 潔
京のオランダ人 阿蘭陀宿海老屋の実態 —— 片桐一男
それでも江戸は鎖国だったのか オランダ宿 日本橋長崎屋 —— 片桐一男
江戸の文人サロン 知識人と芸術家たち —— 揖斐 高
葛飾北斎 —— 永田生慈
北斎の謎を解く 生活・芸術・信仰 —— 諏訪春雄
江戸の職人 都市民衆史への志向 —— 乾 宏巳
江戸と上方 人・モノ・カネ・情報 —— 林 玲子
江戸店《だな》の明け暮れ —— 林 玲子
エトロフ島 つくられた国境 —— 菊池勇夫
災害都市江戸と地下室 —— 小沢詠美子
浅間山大噴火 —— 渡辺尚志
アスファルトの下の江戸 住まいと暮らし —— 寺島孝一
江戸八百八町に骨が舞う 人骨から解く病気と社会 —— 谷畑美帆
江戸の流行り病 麻疹騒動はなぜ起こったのか —— 鈴木則子
江戸幕府の日本地図 国絵図・城絵図・日本図 —— 川村博忠
江戸城が消えていく 「江戸名所図会」の到達点 —— 千葉正樹
都市図の系譜と江戸 —— 小澤 弘
江戸の地図屋さん 販売競争の舞台裏 —— 俵 元昭

歴史文化ライブラリー

近世の仏教 華ひらく思想と文化 —— 末木文美士
江戸時代の遊行聖 —— 圭室文雄
葬式と檀家 —— 圭室文雄
幕末民衆文化異聞 真宗門徒の四季 —— 奈倉哲三
江戸の風刺画 —— 南 和男
幕末維新の風刺画 —— 南 和男
ある文人代官の幕末日記 林鶴梁の日常 —— 保田晴男
幕末の海防戦略 異国船を隔離せよ —— 上白石 実
黒船来航と音楽 —— 笠原 潔
江戸の海外情報ネットワーク —— 岩下哲典
黒船がやってきた 幕末の情報ネットワーク —— 岩田みゆき
幕末日本と対外戦争の危機 下関戦争の舞台裏 —— 保谷 徹

文化史・誌

楽園の図像 海獣葡萄鏡の誕生 —— 石渡美江
毘沙門天像の誕生 シルクロードの東西文化交流 —— 田辺勝美
世界文化遺産 法隆寺 —— 高田良信
語りかける文化遺産 ピラミッドから安土城・桂離宮まで —— 神部四郎次
密教の思想 —— 立川武蔵
霊場の思想 —— 佐藤弘夫
四国遍路 さまざまな祈りの世界 —— 星野英紀・浅川泰宏
跋扈《ばっこ》する怨霊 祟りと鎮魂の日本史 —— 山田雄司
藤原鎌足、時空をかける 変身と再生の日本史 —— 黒田 智
変貌する清盛 『平家物語』を書きかえる —— 樋口大祐
鎌倉 古寺を歩く 宗教都市の風景 —— 松尾剛次
鎌倉大仏の謎 —— 塩澤寛樹
日本禅宗の伝説と歴史 —— 中尾良信
水墨画にあそぶ 禅僧たちの風雅 —— 高橋範子
日本人の他界観 —— 久野 昭
観音浄土に船出した人びと 熊野と補陀落渡海 —— 根井 浄
浦島太郎の日本史 —— 三舟隆之
宗教社会史の構想 真宗門徒の信仰と生活 —— 有元正雄
読経の世界 能読の誕生 —— 清水眞澄
戒名のはなし —— 藤井正雄
仏画の見かた 描かれた仏たち —— 中野照男
〈日本美術〉の発見 岡倉天心がめざしたもの —— 吉田千鶴子
祇園祭 祝祭の京都 —— 川嶋将生
茶の湯の文化史 近世の茶人たち —— 谷端昭夫
海を渡った陶磁器 —— 大橋康二

歴史文化ライブラリー

時代劇と風俗考証 やさしい有職故実入門――二木謙一
歌舞伎の源流――諏訪春雄
歌舞伎と人形浄瑠璃――田口章子
落語の博物誌 江戸の文化を読む――岩崎均史
大江戸飼い鳥草紙 江戸のペットブーム――細川博昭
古建築修復に生きる 屋根職人の世界――原田多加司
風水と家相の歴史――宮内貴久
大工道具の日本史――渡邉　晶
読みにくい名前はなぜ増えたか――佐藤　稔
数え方の日本史――三保忠夫
大相撲行司の世界――根間弘海
武道の誕生――井上　俊
日本料理の歴史――熊倉功夫
吉兆　湯木貞一 料理の道――末廣幸代
アイヌ文化誌ノート――佐々木利和
宮本武蔵の読まれ方――櫻井良樹
流行歌の誕生 「カチューシャの唄」とその時代――永嶺重敏
話し言葉の日本史――野村剛史
日本語はだれのものか――川口　良・角田史幸
「国語」という呪縛 国語から日本語へ、そして○○語へ――川口　良・角田史幸
昭和を騒がせた漢字たち 当用漢字の事件簿――円満字二郎
柳宗悦と民藝の現在――松井　健
遊牧という文化 移動の生活戦略――松井　健
薬と日本人――山崎幹夫
マザーグースと日本人――鷲津名都江
バイオロジー事始 異文化と出会った明治人たち――鈴木善次
ヒトとミミズの生活誌――中村方子
書物に魅せられた英国人 フランク・ホーレーと日本文化――横山　學
夏が来なかった時代 歴史を動かした気候変動――桜井邦朋
天才たちの宇宙像――桜井邦朋

民俗学・人類学

歴史と民俗のあいだ 海と都市の視点から――宮田　登
神々の原像 祭祀の小宇宙――新谷尚紀
女人禁制――鈴木正崇
民俗都市の人びと――倉石忠彦
鬼の復権――萩原秀三郎
海の生活誌 半島と島の暮らし――山口　徹
山の民俗誌――湯川洋司

歴史文化ライブラリー

雑穀を旅する——増田昭子
自然を生きる技術 暮らしの民俗自然誌——篠原 徹
川は誰のものか 人と環境の民俗学——菅 豊
番と衆 日本社会の東と西——福田アジオ
記憶すること・記録すること 聞き書き論ノート——香月洋一郎
番茶と日本人——中村羊一郎
踊りの宇宙 日本の民族芸能——三隅治雄
日本の祭りを読み解く——真野俊和
江戸東京歳時記——長沢利明
柳田国男 その生涯と思想——川田 稔
婚姻の民俗 東アジアの視点から——江守五夫
海のモンゴロイド ポリネシア人の祖先をもとめて——片山一道

世界史

秦の始皇帝 伝説と史実のはざま——鶴間和幸
渤海《ぼっかい》国興亡史——濱田耕策
黄金の島 ジパング伝説——宮崎正勝
琉球と中国 忘れられた冊封使——原田禹雄
アジアのなかの琉球王国——高良倉吉
王宮炎上 アレクサンドロス大王とペルセポリス——森谷公俊
魔女裁判 魔術と民衆のドイツ史——牟田和男
フランスの中世社会 王と貴族たちの軌跡——渡辺節夫
スカルノ インドネシア「建国の父」と日本——後藤乾一・山﨑 功
ヒトラーのニュルンベルク 第三帝国の光と闇——芝 健介
人権の思想史——浜林正夫
グローバル時代の世界史の読み方——宮崎正勝

各冊一七八五円～一九九五円(各5％の税込)

▽残部僅少の書目も掲載してあります。品切の節はご容赦下さい。